LETTRES

A M. Léon de Rosny

SUR

L'ARCHIPEL JAPONAIS

ET LA

TARTARIE ORIENTALE

Par le P. FURET

Missionnaire apostolique au Japon
Membre correspondant de la Société d'Ethnographie

Précédé d'une Introduction

Par E. Cortambert

et

Suivi d'un Traité de Philosophie japonaise
& de plusieurs Vocabulaires

DEUXIÈME ÉDITION

PARIS

MAISONNEUVE & Cie, ÉDITEURS
15, quai Voltaire

MDCCCLXI

LETTRES

sur

L'ARCHIPEL JAPONAIS

et la

TARTARIE ORIENTALE

PUBLIÉ SOUS LES AUSPICES DE LA SOCIÉTÉ
D'ETHNOGRAPHIE,

———

CE VOLUME N'A ÉTÉ TIRÉ QU'A UN TRÈS PETIT
NOMBRE D'EXEMPLAIRES.
QUATRE SEULEMENT ONT ÉTÉ TIRÉS SUR PAPIER
VÉLIN ET NUMÉROTÉS.

Paris. — Typ. D. CASION, rue Bonaparte, 64

LETTRES

A M. Léon de Rosny

SUR

L'ARCHIPEL JAPONAIS

ET LA

TARTARIE ORIENTALE

Par le P. FURET

Missionnaire apostolique au Japon
Membre correspondant de la Société d'Ethnographie

Précédé d'une Introduction

Par E. CORTAMBERT

et

Suivi d'un Traité de Philosophie japonaise
& de plusieurs Vocabulaires

DEUXIÈME ÉDITION

PARIS
MAISONNEUVE & Cie, EDITEURS
15, quai Voltaire

MDCCCLXI

INTRODUCTION.

Vers l'extrémité orientale de l'ancien monde, s'étend un empire très-civilisé, très-industrieux, très-lettré, qui est, à l'égard de l'Asie, ce que sont pour l'Europe les îles Britanniques, situées à l'extrémité opposée du même monde. Cet empire est celui qui a reçu le beau nom de région du *Soleil levant* (*Nippon* ou *Ji-pen*, dont nous avons fait *Japon*). Le cœur de ce florissant État, l'archipel Japonais proprement dit, se compose de trois îles : Nippon, qui donne son nom à tout l'empire, l'île de Kiou-siou, enfin celle de Si-kok. Au nord et au sud de ce Japon proprement dit, se trouvent les îles qui en sont comme les annexes : d'un côté, l'île de Yéso, et la partie méridionale de l'île de Sakhalièn; de l'autre, l'archipel Loutchou, sur lequel la Chine exerce aussi une espèce de suprématie, plutôt nominale que réelle. Ces îles du nord et du sud sont comme les abords et les portes

du Japon : il faut les connaître avant
d'entrer dans celui-ci. C'est donc, en quelque sorte, une introduction à la géographie et à l'ethnographie japonaises qu'on
présente aujourd'hui au public dans cet
ouvrage, composé, en grande partie, des
lettres d'un zélé missionnaire attaché à
nos dernières expéditions dans les mers
de l'orient de l'Asie.

On y verra d'abord des détails géogra-
phiques et ethnographiques sur la grande
Lou-tchou, dont les habitants sont depuis longtemps renommés par leur dou-
ceur, leur hospitalité, leur aimable civilisation. A travers quelques restrictions qui
s'appliquent particulièrement aux mandarins, on aime à voir confirmer, par la
lettre franche et naïve du missionnaire,
les nobles penchants et les vertus de cette
intéressante population.

Le pieux correspondant nous parle ensuite de la ville et des habitants de Hakodadé, située sur la côte méridionale de la
grande île de Yéso, et l'un des ports du
Japon ouverts aujourd'hui aux Européens
et aux Américains. Cette place, appelée
à un bel avenir commercial, se trouve sur
le détroit de Mats-mayé ou de Sangar, qui,

séparant Yéso du Nippon, unit la mer du
Japon au Grand-Océan. On verra, dans
cette partie de la narration, un curieux
chapitre où sont expliqués les premiers
rapports des commandants des navires de
guerre français, avec les autorités indigènes au moment où les traités allaient
nous ouvrir les ports japonais.

Le missionnaire sortant un moment
des domaines du Japon, s'arrête à la baie
du Barraconta ou de l'Empereur-Nicolas,
située sur la côte de la Mandchourie, c'est-
à-dire sur la côte du continent, au milieu
des nouvelles acquisitions des Russes sur
le territoire chinois ; la description de
cette baie et des populations du voisinage
est d'autant plus précieuse, que jusqu'ici
ce point de l'Asie était resté à peu près
entièrement inconnu.

La baie de Joncquières, sur la côte occidentale de l'île de Sakhalièn, n'est pas
plus connue de la plupart des lecteurs,
qui liront avec intérêt la peinture des
mœurs et de la nature dans cette région
reculée.

Comme ces lettres sont principalement
destinées à faire connaître l'état moral des
populations visitées par notre mission-

naire, l'éditeur a cru qu'elles seraient convenablement accompagnées du *Manuel de philosophie japonaise*, manuel traduit pour la première fois en français, et qui peint, mieux que la plus complète description de voyage ne pourrait le faire, les mœurs et l'esprit de ces peuples remarquables. Il respire une sagesse douce et sereine, qui, indépendamment des Japonais, pourrait éclairer et guider très-profitablement les Européens eux-mêmes.

Des vocabulaires des indigènes de Sakhalièn, de Yéso, de la Corée, etc., terminent cet ouvrage et seront reçus avec plaisir par les nombreux amis de la linguistique.

Ce petit volume sera donc, nous l'espérons, utile au public et à la science : c'est un des premiers livres publiés sous les auspices de la *Société d'Ethnographie*, qui cherche, par tous les moyens et avec un zèle actif et persévérant, à répandre la connaissance approfondie de tous les peuples de la Terre, et, par suite, à avancer leur amélioration et leur fraternelle union.

E. CORTAMBERT.

Vice-Président du Conseil de la Société d'Ethnographie.

LA GRANDE

ILE LOU-TCHOU

LA GRANDE ILE LOU-TCHOU

[MER DU JAPON]

Hong-kong, 12 octobre 1855.

La grande île Lou-tchou est la partie la
plus importante du royaume du même nom,
composé : 1° des îles *Lou-tchou;* 2° des
îles *Amakirrima;* 3° des îles *Madjiko-
sima.* Dans la grande île se trouve Choui,
capitale du royaume, et résidence du roi;
elle est située sur une colline, à quatre
kilomètres du port de Nafa ou Napakiang.
Si les mandarins, nos professeurs de langue, ne nous ont pas trompés, il y aurait
dans cette île une douzaine de villes grandes
et peuplées. D'après la connaissance que nous
avons des mandarins, je crois pouvoir assurer qu'ils n'ont pas exagéré. Je ne connais
pas encore assez le pays pour me permettre
de fixer le chiffre de la population soit de
Choui, soit de Nafa; seulement, je crois pou-

voir assurer que ces populations sont très-
nombreuses, à en juger par la multitude d'enfants qui remplissent les rues. La population
de l'île doit être de deux cent à deux cent
cinquante mille habitants : je ne saurais pré-
ciser davantage, parce que les indigènes et
les mandarins surtout font restriction sur restriction, mensonge sur mensonge, lorsque
nous les interrogeons sur leur pays. Les petites îles Amakirrima, situées à six ou sept
milles de Lou-tchou, sont très-peuplées et
bien cultivées.

Le royaume de Lou-tchou est-il indépen-
dant ? — Non, assurément. — De qui dépend-
il ? — Les Lou-tchouans prétendent qu'ils ne
dépendent que de la Chine : il n'en est cependant pas moins certain qu'ils dépendent
surtout du Japon. La Chine aurait ostensi-
blement *l'honneur* de la dépendance, tandis
que le Japon en percevrait furtivement *les
fruits*. L'embarras évident des mandarins,
questionnés sur le Japon et sur leurs relations
avec ce pays, était pour nous une preuve
suffisante de leur dépendance. De plus, à notre arrivée dans la grande île (2 mars 1855),
nous vîmes, dans le port et près du fort, deux
barques japonaises ; trois ou quatre jours plus

tard, elles avaient disparu, sans doute pour
aller annoncer au Japon que trois missionnaires français venaient de débarquer à
Nafa.

Malgré les difficultés de la *politique d'ex-
clusion* du gouvernement, l'intelligent capitaine qui nous avait amenés à Nafa avait
éveillé la curiosité et jeté l'inquiétude dans
l'esprit des mandarins en leur disant que
l'amiral français viendrait peut-être les voir
en allant au Japon. L'empressement avec lequel ils demandèrent quand cet amiral irait
au Japon?..., avec combien de vaisseaux?...,
dans quel port?..., pour quel motif?.., prouve
évidemment que le Japon ne leur est pas in-
différent. D'ailleurs, pendant les deux jours
qui suivirent notre installation dans la bon-
zerie d'Amikou, plusieurs mandarins nous
firent répéter à plusieurs reprises et écrivi-
rent soigneusement les réponses qui leur
avaient été données concernant le Japon. Les
barques japonaises partirent après ces renseignements.

Il y a un roi à Choui ; il est mineur. Sa
Majesté et le régent sont sous l'influence de
quelques mandarins japonais qui ne sont pas
avoués comme tels aux yeux des étrangers.

Je crois ne pas me tromper en affirmant que
le premier ministre et interprète Itarachi est
un de ces Japonais. Ce ministre est le *fac-*
totum lorsqu'il arrive des étrangers. C'est lui
qui soutient en tout et toujours la politique
japonaise; c'est lui qui semble dire au régent
lui-même ce qu'il a à faire, quoiqu'il ne paraisse être qu'un interprète. Aucun des mandarins n'ose dire un mot lorsqu'il parle, et je
retrouve en lui les traits et toutes les manières des mandarins japonais que j'ai vus à
Nagasaki.

S'il faut en croire un Japonais que j'ai
connu à Hong-kong, le royaume de Lou-tchou
serait une propriété du prince de Saxama, et
fournirait au Japon les plus belles coton-
nades.

Le désir de connaître les lois du royaume
nous fit demander un jour à nos maîtres s'il
serait possible de nous procurer leur Code.
Une réponse négative ne se fit pas attendre
longtemps. — Cependant, disions-nous, pour
que nous puissions nous conformer à vos lois
et pour éviter de donner le mauvais exemple
en ne les observant pas, il est nécessaire que
nous les connaissions. — Oh! non, pas nécessaire, pas nécessaire, disait l'un d'eux;

les étrangers n'ont pas besoin de connaître
nos lois. Je ne connais donc rien des lois de
Lou-tchou; je sais seulement que la police
s'y fait avec une vigilance et une sévérité
extrêmes, et que le pauvre peuple est l'es-
clave des nombreux mandarins qui passent le
temps à fumer et à boire le thé. S'ils travail-
lent, c'est pour étudier la langue chinoise
qui paraît être la langue officielle. Le gouvernement tient tant à ce que les étrangers
ne connaissent rien de ce qui concerne leur
pays, que nos mandarins prétendent ne savoir ni parler ni écrire le japonais! Nous dû-
mes mettre en jeu la vanité d'un jeune écolier de quinze à seize ans, pour lui faire écrire
son nom et les nôtres en caractères *kata-kana*,
et pour prouver ensuite à nos maîtres qu'ils
étaient des menteurs, sans toutefois compro-
mettre notre savant écolier.

La langue de Lou-tchou est un dialecte de
la langue japonaise, caractérisé par des terminaisons et une prononciation différentes.
Les verbes, du moins dans la langue parlée,
se terminent en *iong* (*ng* est un son nasal),
iiong, *chong*. Par exemple : *tsoukouyong*
« faire »; *nousiyong* « faire monter »; *ikou-
chong* « prévenir ». Le futur a aussi une forme

particulière; exemple : *tsoukouroudi chong*
« je ferai »; *ikkoudi chung* « j'irai »; *ami
fouyong* « il pleut ». J'ai toujours entendu nos
maîtres employer *waga* comme pronom de la
première personne, et *yaga* et *yaya* pour le
pronom de la deuxième.

Je ne sais si les Lou-tchouans, dans leurs
relations avec leurs compatriotes, font un
grand usage du mensonge; mais on dirait (et
je suis tenté de le croire) que le gouvernement a dit à ses sujets : « Trompez les étrangers, et, pour les tromper, mentez et mentez
encore... » Aussi, croiriez-vous, cher monsieur, que je suis arrivé deux fois à l'impro-
viste au milieu du marché de Nafa, et qu'en
y regardant de tous mes yeux, je ne pus aper-
cevoir une seule pièce de monnaie. J'ignore-
rais complétement que ce peuple se servît de
monnaies, si je n'avais pas trouvé une sa-
pèque, semblable à celles de Chine, dans les
salines qui séparent le gros village de Tumaï
de la ville de Nafa.

Un mandarin me soutenait qu'à Lou-tchou
il n'y avait pas d'argent, pas même de sapèques.

— Tu es un menteur, lui dis-je, car en voici
une que j'ai trouvée dans les salines.

—Ah ? oui..., répondit-il, nous en avons...,
mais bien peu !

J'ignore s'ils ont des pièces d'argent. Les
Japonais en ont qui sont triangulaires ; j'en ai
vu une du poids d'une demi-piastre environ.

Vous êtes peut-être étonné qu'un mandarin
ne m'ait pas proposé un duel, lorsque je lui
fis l'injure de l'appeler *menteur ?* Ne craignez
pas : les Lou-tchouans, plus raisonnables sous
ce rapport que bien des Européens qui n'ont
pas le courage de supporter un mot et qui
sont assez fous pour trouver dans ce cas de
l'honneur à tuer ou à se faire tuer, savent
accepter le titre de menteur aussi facilement
qu'ils savent le mériter. C'est ainsi que plusieurs fois il nous est arrivé de prouver hon-
nêtement à des mandarins qu'ils étaient des
menteurs ; alors, au lieu de se fâcher et de
faire la mine, ils se regardaient en souriant
et disaient : « Sont-ils habiles ces Français-là,
ils devinent tout ! »

Le caractère grave et pacifique des Lou-
tchouans est vraiment remarquable ; s'ils trai-
tent une affaire difficile, dans laquelle ils auraient droit de parler en maîtres et de s'ani-
mer, ils ne sortent jamais des bornes de la
plus grande convenance ni dans leurs paroles

ni dans le ton et les manières. Pendant deux
mois et demi je n'ai vu et entendu qu'un seul
individu se fâcher et crier. D'ailleurs les bonnes et vénérables figures des habitants, surtout celles des vieillards qui sont nombreux,
m'indiqueraient suffisamment que la passion
de la colère, qui défigure si souvent les traits
de l'homme, leur est généralement inconnue;
tandis que la bonté et la prévenance feraient,
pour ainsi dire, le fond de leur nature. Si les
étrangers ont à se plaindre de quelques petites taquineries, s'ils voient encore fuir devant
eux les insulaires, surtout les femmes, il ne
faut s'en prendre qu'au gouvernement.

Le costume de ce peuple diffère très-peu
de celui des Japonais. Comme ces derniers,
les Lou-tchouans rasent une partie de leurs
cheveux et ramènent les autres en toupet
fixé sur le sommet de la tête avec de grandes
et fortes aiguilles à étoiles en or, en argent
ou en alliage moins précieux, suivant la position sociale de chaque individu. Les Lou-
tchouans rasent le haut de la tête en forme
de tonsure, tandis que les Japonais rasent le
sommet et le devant jusqu'au front. Si quelques dames françaises allaient à Lou-tchou,
elles pourraient être mortifiées en voyant les

hommes leur faire concurrence pour les soins accordés à la chevelure; tandis que les femmes (du moins celles du peuple), qui conservent tous leurs cheveux, se laissent aller à une négligence qui ne saurait relever leurs traits bien communs, pour en faire des beautés. Ajoutez, à cette chevelure trop négligée, une espèce de robe de chambre en coton souvent sale, ouverte par devant, descendant jusqu'au mollet, et vous pourrez dire, sans vous tromper, que bien des Lou-tchouanes doivent être dégoûtantes à voir. Le pantalon, la chemise et les bas sont des objets de luxe que les mandarins même ne se permettent que dans de grandes circonstances. Les hommes n'ont ordinairement qu'une robe comme celles des femmes, mais plus longue et fermée par une ceinture, de sorte qu'ils ne sont pas obligés, comme ces dernières, d'avoir toujours les mains à la robe pour la faire croiser par devant et pour soustraire à la vue des promeneurs le sale langouti qui recouvre leur nudité.

Les chaussures ne sont pas plus brillantes que les habits. Ce sont des espèces de sandales en paille seulement, ou bien en paille avec une semelle en bois plus ou moins épaisse. Ces souliers sont retenus par une es-

pèce de corde également en paille passant
par-dessus le pied, et par une cheville fixée
sur la semelle et supérieurement à la corde,
de manière à se trouver entre le gros orteil
et son voisin.

Au Japon, on voit un grand nombre d'hommes et de jeunes gens portant le sabre et le
poignard, tandis qu'à Lou-tchou tous sans exception marchent sans armes. D'ailleurs, il n'y
en a pas dans l'île, si l'on en croit les mandarins. Je n'en ai jamais vu. Néanmoins, le fort
de l'entrée de la petite rivière de Nafa semble
avoir été préparé pour en recevoir. Ce faible
peuple, ne pouvant compter sur la force pour
se défendre, a cru que sa faiblesse et sa pauvreté réelle ou supposée lui serviraient d'armes contre les étrangers.

..... L'île me paraît très-accidentée, sans
avoir de grandes montagnes, excepté dans le
nord où nous en apercevions une assez élevée ; ce serait dans cette partie que se trouveraient des habitants moins civilisés, que
ceux de Choui et de Nafa appellent *sauvages*.

La température doit être favorable à la
santé. Depuis le 1er avril jusqu'au 5 mai, le
thermomètre *à minima* n'est pas descendu
au-dessous de 14° centigrades, et le thermo-

mètre ordinaire n'a pas dépassé 28°, 4'.
D'ailleurs, le froid doit être bien modéré pendant l'hiver, puisque, au commencement de
mars, on récolte des patates.

Je ne puis vous donner une idée plus
juste de la campagne que je connais, qu'en
vous disant que c'est un *beau jardin anglais*.
Les allées de ce jardin, il est vrai, ne sont pas
toujours unies et sablées; elles sont, au contraire, assez souvent rudes et rocailleuses;
mais la beauté et la variété des sites font
vite oublier cet inconvénient. Les collines
nombreuses couronnées par des bouquets de
pins ou de sapins qui abritent les petites
plaines fertiles qui sont à leurs pieds; les
graves tombeaux qui se trouvent généralement en grand nombre sur les flancs de ces
collines; la plaine couverte de travailleurs,
et si bien cultivée, que les Lou-tchouans n'ont
pas besoin, ce semble, de recevoir des leçons
d'agriculture de la part des Européens; ces
vastes bosquets dispersés çà et là, qui, au
milieu des bambous, des grands arbres et
arbrisseaux dont les fleurs répandent au loin
d'agréables parfums cachent une infinité de
maisons et une population nombreuse circu-
lant dans ces grands villages par des allées

d'une propreté remarquable ; tout cela fait
des campagnes de Lou-tchou un véritable
jardin royal.

La ville de Nafa et le village de Tumaï ont
aussi leur genre de beauté. Les murailles qui
y sont construites prouvent en faveur de
l'adresse et de la patience des habitants.....
Réunissez des pierres de toute grosseur, les
plus irrégulières que vous puissiez imaginer,
puis dites à un maçon de faire avec ces pierres,
et sans mortier, un mur solide et tellement
uni qu'il paraisse pour ainsi dire avoir été poli
avec une pierre-ponce ; voilà le problème
qu'ont parfaitement résolu les Lou-tchouans.
Ces murs si propres, et les petites charmilles
décorées de chèvre-feuille et si soignées qui
les couronnent, semblent indiquer que le gouvernement exerce une grande influence sur
ces embellissements des voies publiques et
des jardins particuliers. Quant à l'intérieur
des maisons, situées derrière ces murs, il ne
répond pas à l'extérieur.

Pour vous donner une idée de la Flore de
Lou-tchou, il me suffira de vous nommer le
pêcher, le grenadier, le papaya, le bananier
(que l'on cultive surtout pour la toile), le mû-
rier, le buis, le sureau, diverses variétés de

rosiers, le camélia rouge, lequel est très-élevé
(5 mètres environ) ; le groseiller d'ornement,
les mauves rouge et jaune en arbre, le bambou, quelques cocotiers, l'*Areca*[1], le *Panda-*
nus[2]. L'oranger y est très-commun : il se
trouve même dans la campagne ; il y en a
une espèce qui donne des oranges d'une grosseur prodigieuse. J'en ai mesuré une qui
n'avait pas moins de 0^m,325 de circonférence ;
les trois autres qu'on nous avait apportées
approchaient de cette grosseur.

Parmi les arbres les plus rares, on distingue surtout celui que nous appelons, à
Hong-kong, *arbre à pagode*. Plusieurs de ces
arbres toujours verts, se font remarquer
par la grosseur et la forme étonnante de leur
tronc, par leurs racines innombrables, qui
serpentent au loin sur la surface de la terre,
et par leurs racines aériennes desséchées qui

[1] *Areca*, Linn., arbre de la famille des Palmées, de
Linné.

[2] *Pandanus*. Trois espèces seulement de ce genre
appartenant à la famille des Broméliacées sont connues
dans l'Asie orientale. Ce sont : le *Pandanus humilis*, le
P. integrifolius et le *P. lævis* de Loureiro, qui dépendent
plus spécialement de la Flore cochinchinoise que de
toute autre. Aucune espèce de Pandanus, que je sache,
n'a encore été décrite dans les Flores du Japon,

forment souvent des paquets d'un très-gros
volume. A côté de ces arbres vigoureux, on
trouve souvent une espèce de laurier très-
touffu qui atteint une hauteur de 12 à 15 mètres. Mais le plus remarquable, sans con-
tredit, de tous les arbres à fleurs un peu
apparentes, est une espèce appartenant à la
famille des papillonnacées. Quand il est dé-
pouillé de ses feuilles, qui ressemblent à
celles de quelques haricots, il offre par la
disposition de ses branches l'aspect d'un gros
noyer et à la couleur de la peau; il porte de
petites épines et son bois est très-cassant.
Ses fleurs, d'un beau rouge, plus grandes que
celles du Marronnier d'Inde, sont disposées
en couronne au nombre de cinq, six, ou huit
grappes à l'extrémité des branches encore
dépourvues de feuilles.

Parmi les plantes herbacées, on distingue
le Lis blanc, la Balsamine, l'OEillet, la
Chrysanthème, le Sedum, la Violette, le
Mouron bleu[1], le Plantain, l'Oxalis, le Poly-

---

[1] L'*Anagallis cœrulea*, Lamm., dont il est probablement ici question, se rencontre aussi au Japon.
Thunberg l'a mentionné dans sa *Flora japonica* sous le
nom d'*A. arvensis*, Linn., qui peut être plus exactement considéré comme une variété de l'Anagallis à
fleurs bleues.

gonum, le Polygonatum, l'Euphorbe, le Pi-
ment, le Convolvulus, et quelques belles
labiées et orchidées.

Quant aux céréales, j'ai vu moissonner
pendant le mois d'avril deux espèces de
blé (barbu et non barbu) ; le millet ne faisait
que commencer à pousser; les rizières
avaient belle apparence, aussi bien que les
plantations de cannes à sucre. Les patates
(dont j'ai reconnu trois espèces) et le tabac
sont d'une grande importance dans l'île. Les
légumes sont beaux et très-variés : ce sont
des choux, navets, carottes, bettes, épinards,
laitue, fèves, haricots, petits pois, souci
(qui se mange en salade), porreaux, petits
ognons, gombo (espèce de Lappa ou Bardane
dont on mange la racine), bambous, etc. Je
ne dois pas passer sous silence une plante qui
joue un grand rôle dans les disettes, et dont on
ne mange beaucoup que dans ces époques. Je
ne me rappelle pas malheureusement le nom
de cette plante, et je n'ai pas de livre ici pour
le chercher. C'est une espèce de petit palmier
sans tige, à feuilles raides et à divisions fines
et pointues. Cette plante existe en France
comme plante d'ornement. Les habitants de
Lou-tchou réduisent sa racine en petits mor-

ceaux minces pour les faire sécher au soleil; ils vont ensuite les laver à une eau courante et en font une espèce de fécule. On cultive aussi le *Papaver album*. Un Lou-tchouan m'a dit qu'on ne s'en sert pas pour faire de l'huile, mais seulement pour les cataplasmes.

La campagne, ordinairement remplie de travailleurs (hommes et femmes) et de gens qui vont au marché ou qui en reviennent, est aussi animée par la présence de quelques chevaux, vaches et chèvres. Les chevaux sont petits et servent de montures et de bêtes de somme; mais on ne les emploie ni à labourer ni à traîner les voitures, attendu que, pour ce qui concerne le labour, tout se fait par les mains de l'homme, et que les voitures sont inconnues dans le pays. Les mandarins se servent de chaises à porteurs grossières et si incommodes que ceux qui s'y tiennent longtemps accroupis ont une espèce de mal de mer, ou plutôt de mal de chaise, appelé *djibounaie* par les habitants.

Le porc de petite taille et la volaille sont communs et de bonne qualité. Le gibier, au contraire, est assez rare ; néanmoins j'ai vu des cailles plus petites que celles de France, des perdrix, des tourterelles, des merles et des sansonnets, dont le mâle a un plumage riche et brillant. Je ne dois pas passer sous silence les deux cents cerfs ou antilopes qui habitent les plus petites îles du groupe d'Amakirrima. Des Américains, occupés dans le mois d'avril dernier à faire l'hydrographie de ces îles, s'étant permis d'aller à la chasse, avaient déjà tué plus d'une demi-douzaine de ces cerfs, lorsqu'un mandarin vint les prier de ne pas continuer à faire la guerre aux *Cerfs du roi*.

J'ai retrouvé à Lou-tchou l'oiseau que l'on pourrait appeler cosmopolite, le moineau, avec sa familiarité et son chant monotone. Un autre cri sinistre m'a rappelé plusieurs fois notre belle France : c'était celui de la corneille. Il est inutile de vous parler de plusieurs autres Passereaux, Palmipèdes, Échassiers, dépendant de la faune de Lou-tchou, car je me propose de les envoyer quelque jour à Paris dans l'intérêt de l'ornithologie.

Je n'ai rencontré que peu de reptiles à Lou-tchou. Il paraît que les serpents vénimeux (trigonocéphales) y sont assez communs. J'ai vu la tête d'un de ces derniers tué par les Américains.

Les coquillages et les débris de coquillages

que j'ai examinés sur le bord de la mer annon-
cent une grande richesse dans ce genre; et, à
ce propos, je dois vous dire que j'ai découvert
des fossiles avant mon départ. Je n'ai pas eu
le temps d'étudier le terrain, aussi je n'ose
pas me prononcer sur leur âge. Néanmoins,
je regrette de n'avoir pas maintenant à ma
disposition les fossiles que j'avais recueillis.
C'étaient des térébratules (une espèce), des
peignes, des kemnitzia, des moules d'area, je
crois, des hémo-cedaris très-volumineux,
conservant encore les traces de leurs orne-
ments. J'avais trouvé ces fossiles dans des
pierres calcaires de la colline qui se trouve
sur le bord de la mer, au nord d'Amikou, ou
Missions-Françaises, à une hauteur de trente
à quarante mètres au-dessus du niveau de la
mer. En partant de là pour aller à Chouï, en
passant au nord-est de Tumai, on trouve
plusieurs collines argileuses, et l'on rencontre,
plus loin et inférieurement, des mamelons de
sable ferrugineux au milieu desquels j'ai pu
ramasser des morceaux de bois renfermés
dans des espèces de géodes ferrugineuses.

Je vous envoie, cher Monsieur, ces observations, quoique bien incomplètes et écrites
à la hâte; puissent-elles vous faire plaisir et

être utiles à la science. Si quelques-unes des personnes auxquelles vous pourrez les communiquer avaient à faire des observations qui puissent venir en aide à l'avenir à ma bonne volonté et à mon insuffisance, je suis prêt à les recevoir avec plaisir et avec reconnaissance.

LES LETTRÉS DE LOU-TCHOU

Nafa, 1er juin 1858.

Permettez-moi de vous parler aujourd'hui des Académies de Lou-tchou. — Des Académies! allez-vous dire, dans le plus petit royaume de l'univers? — Eh! oui, cher Monsieur, il y a deux Académies à Lou-tchou, bien distinctes, et on l'ignore en Europe! La chose mérite donc d'être signalée.

La première de ces Académies est celle de Chouï. Vous saviez déjà que la langue du pays est un dialecte japonais qui se fait remarquer par ses terminaisons et par quelques formules particulières de politesse et d'humilité. Ainsi, lorsque vous rencontrerez les hommes instruits de Chouï (la capitale), lorsque vous entrerez dans leurs écoles, vous ne serez pas étonné de les voir étudier le japonais. Vous leur verrez, à la vérité, des livres chinois entre

les mains, vous leur verrez même écrire quelques caractères chinois, mais interrogez-les
sur ces livres, sur ces caractères, faites-les
lire, ou bien priez-les de vous donner le son
chinois des signes (que par parenthèse ils
ignorent toujours), ils vous feront entendre
les mots japonais correspondants, ou parfois
le son chinois japonisé. D'ailleurs, leurs livres renferment un nombre de caractères chinois plus ou moins considérable, mais presque toujours entièrement défigurés : c'est ce
qu'ils appellent *zokou-bong*. Ces caractères
se traduisent par des mots japonais, ou bien
se lisent avec une prononciation demi-chinoise
dite *outou-youmi*.

Les étudiants de Choui, après avoir lu de
cette manière les livres canoniques[1] qui sont
le fondement de l'instruction publique à Lou-
tchou et au Japon, étudient les livres japonais *ad libitum*. Les uns en lisent beaucoup,
d'autres n'en lisent que quelques-uns. Pour
l'écriture ils se servent généralement du *fira-*

---

[1] On entend par livres canoniques cinq ouvrages
appelés *Ou-king*, qui remontent à une très-haute anti-
quité, et qui ont été publiés dans la forme où nous les
connaissons aujourd'hui par Confucius, au VIe siècle
avant notre ère.

kana[1], ou bien du *zokou-bong*, qu'ils tra-
cent avec une facilité et une promptitude
étonnante : ils écrivent moins bien le *kata-
kana*[2]. Les ouvriers et les marchands em-
ploient le zokou-bong.

La ville de Nafa se divise en plusieurs quartiers. L'un de ces quartiers, où nous résidons,
se nomme *Kouninda*; il est situé à l'est, et n'est
guère habité que par des Chinois, qui par-
lent chinois, lisent les livres chinois et n'em-
ploient que les caractères carrés : ils ne connaissent ni le zokou-bong, ni les signes du
syllabaire japonais. Au milieu de leur quartier, se trouve un vaste collége dans lequel
l'enseignement diffère beaucoup de celui qui
est donné dans le collége de Choui : c'est
l'Académie chinoise, ou de Kouninda.

C'est sans doute une chose curieuse de voir
deux enseignements si différents dans la même
ville, mais ce qui l'est davantage, c'est la jalousie
des lettrés de Choui et de Kouninda. Comme
nous avons des maîtres de ces deux Académies,

---

[1] Écriture très-cursive, et dont la traduction présente les plus grandes difficultés. Les indigènes eux-
mêmes sont plusieurs années à l'apprendre, et on n'en
compte qu'un très-petit nombre qui la lise couramment.

[2] Écriture carrée, fort simple, mais d'un usage rare.

nous sommes à même de les juger. Eh
bien! cher Monsieur, je ne puis mieux com-
parer les académiciens de Kouninda qu'aux
anciens Sages de la Grèce, tandis que ceux de
Choui, moinsgraves et plusindépendants dans
tout ce qu'ils font, ressemblent à nos quarante
immortels. Chaque fois qu'un des maîtres
de Kouninda vient nous donner une leçon,
il arrive et s'en va gravement comme les cui-
siniers de Boileau ou comme son recteur suivi
des quatre facultés. Leurs mains sont sans
cesse au port d'armes, et toute leur personne
est dressée conformément aux anciens rites;
ils sont d'une réserve admirable, et nous ne
pouvons qu'être édifiés, car ils obéissent ponc-
tuellement à tous les ordres qu'ils reçoivent
du gouvernement.

Jusqu'à quinze ans, les lettrés de Kouninda
étudient le sens des caractères chinois et ap-
prennent à les écrire correctement. Une fois
qu'ils ont fait leurs preuves, les jeunes gens
prennent deux aiguilles à leur toupet et com-
mencent les *chi-chou* [1]. Tout le reste de leur
vie, ils s'évertuent à étudier les philosophes
chinois, et ils arrivent à les posséder si par-

[1] Les quatre livres classiques de l'École de Confucius.

faitement, qu'ils peuvent presque toujours corriger ou continuer un texte commencé. Ces hommes — ceux du moins que nous connaissons — sont d'une conduite exemplaire sous tous les rapports. Il ne leur manque que la connaissance de l'Évangile. C'est assurément une de nos peines les plus amères de ne pouvoir instruire librement des hommes si honorables, nous avouant en secret que leur doctrine est fort incomplète, qu'elle ne leur dit rien de la grave question de la vie future, qu'elle n'est point satisfaisante pour rendre compte du bonheur et du malheur.

Ces lettrés ne peuvent ni faire de commerce, ni exercer un métier quelconque. Ils sont aux ordres du gouvernement qui les entretient quand ils ne sont pas riches. En prenant les grades, ils peuvent arriver à obtenir quelques titres honorifiques; mais ce sont généralement les lettrés de Choui qui occupent les places de l'administration. Ceux de Kouninda sont à peu près mis à l'écart, l'on en excepte le gouverneur de Nafa, qui est ordinairement un lettré de l'Académie chinoise.

Presque tous les lettrés de Choui, quand nous leur montrons un texte chinois, nous disent qu'ils ne le comprennent pas, que nous

devons le demander aux *chin-cheï* (interprètes) de Kouninda. Lorsqu'au contraire nous
montrons quelques passages de nos livres japonais aux maîtres de Kouninda, ils ne manquent pas de répondre : *Ah-yaie*, je ne com-
prends pas cela (*ouakirong*), c'est de l'em-
brouillé (*magaya-magaya*). Que signifient ces
caractères déformés? Parlez-nous des caractères carrés, à la bonne-heure.

Les maîtres de Kouninda connaissent parfaitement les livres qu'ils nous enseignent, et
les expliquent sans broncher. Il n'en est pas
de même de ceux de Choui, qui ne peuvent
pas nous expliquer leurs livres japonais, bien
qu'écrits en leur langue maternelle, sans les
avoir préparés longtemps à l'avance. Nous
voyons qu'ils comprennent *en gros* bien des
passages dont ils ne parviennent pas à se rendre
compte. D'ailleurs, il paraît qu'ils ne sont
pas aussi forts que les Européens sur l'ana-
lyse logique ; car l'un de ces maîtres, qui est
très-instruit, nous disait : « Savez-vous qu'il
est difficile de vous donner des leçons ; avec
vous il faut rendre compte de tout, ce qui ne
se peut pas toujours. »

Les lettrés de Lou-tchou ont une prononciation un peu différente de la vraie pronon-

ciation japonaise. Un certain nombre d'entr'eux vont passer quelques années au Japon pour étudier. De même, la plupart des lettrés de Kouninda vont passer de deux à cinq ans à *Foutcheou-fou*, en Chine.

Nous avons neuf maîtres, six de Chouï et trois de Kouninda. Jusqu'à cette année, le gouvernement avait voulu faire le généreux en ne nous permettant pas de les payer. Il paraît qu'il s'est ravisé, et maintenant nos maîtres ne refusent pas notre argent. A cela près, ils sont d'une réserve extrême pour ne rien demander, et même pour refuser tout ce qu'on leur offre, à l'exception de quelques médecines.

Ces maîtres, je vous l'avoue, traduisent généralement bien, et ne passent pas le moindre caractère sans en donner l'explication. Cependant, dans l'explication du *Tsyô yôk* [1], leurs explications sont parfois pitoyables. On peut même affirmer que dans certaines parties, ils ne savent pas ce qu'ils veulent dire; aussi répètent-ils alors que c'est très-profond... Nous avons demandé à l'un d'eux, à propos d'un passage où il est dit que pour bien

---

[1] L'invariabilité dans le milieu de Tseu-sse, petit-fils et disciple de Confucius.

connaître la perfection, *il faut attendre le saint* qui nous apportera la lumière, si dans cet endroit Confucius entendait parler de lui?

— Oh non, il parle d'un autre saint qui n'était pas venu.

— Savez-vous s'il est venu maintenant?

— Il n'a pas encore paru, nous l'attendons...

Puissions-nous bientôt leur faire connaître ce Saint, dont nous avons l'honneur d'être les ambassadeurs et les apôtres!

海
國

UNE

EXCURSION A LOU-TCHOU

Nafa, 25 juin 1855.

.... Je viens vous inviter à visiter avec moi
les ruines d'un ancien château fort qui mérite
votre intérêt. Si la rivière de Nafa était véritablement une rivière, nous pourrions faire la
promenade en barque; mais à quatre kilomètres d'ici environ (c'est la distance du château), elle se divise en deux ruisseaux qui
ont très-peu d'eau, si ce n'est au moment de
la marée. Donc nous irons à pied, en passant
le bac du port même de Nafa, qui est assez
bien garni pour le moment. Ces grandes barques à un seul mât sont des barques japonaises de Kango-sima, les seules qui viennent
ici pour le commerce, dont le roi de Satsouma,
duquel dépend Lou-tchou, conserve pour lui
seul le monopole. Ces barques sont au nombre de quinze. Comme vous pouvez le remar-

quer, en ce moment elles chargent surtout du
sucre et s'apprêtent à partir. Ces barques nous
donnent l'occasion de voir dans la ville
quelques figures japonaises, et notamment
des hommes armés de leurs sabres, ce qui
contraste d'une manière frappante avec les
pacifiques Lou-tchouans qui portent à leur
côté, en guise d'épée, un éventail, quand ils
ne l'ont pas à la main. Cette année ces mes-
sieurs japonais paraissent moins nous éviter
que les années précédentes.

Quelles sont donc ces autres grandes barques chinoises et japonaises ? — Les barques
chinoises sont celles qui font le voyage de
Chine : elles portent la malle environ une
fois par an, et nous arrivent chargées de
thé, de parapluies, de papier, etc. Les barques japonaises sont destinées à faire le voyage
du Japon, où elles portent probablement *le
tribut*.... Si nous en croyons un de nos
maîtres, qui nous le dit tout bas, le gouvernement prend pour lui les deux tiers des re-
venus. — Les plus petites barques appartien-
nent à des pêcheurs, ou bien elles viennent du
port de Ounting (au nord) et apportent du bois de
chauffage ; d'autres viennent des îles dépendantes de Lou-tchou avec du bois, des vaches,

des porcs, etc., qu'elles échangent contre les
objets qui leur manquent, comme des mar-
mites, de la poterie et divers ustensiles de
ménage.

La rivière passée, nous nous trouvons dans
un grand village que l'on peut regarder
comme un faubourg de Nafa. Voyez-vous
tous ces curieux? Les curieuses se cachent
derrière les murailles. Quand nous serons
passés, nous entendrons les enfants se dire
entre eux : *Houlanda!* (des Hollandais!), nom
que les gens du pays donnent indistincte-
ment à tous les étrangers : c'est qu'en fait de
géographie ils ne sont pas forts, et il n'est
presque aucun d'eux qui ait une idée même
confuse des peuples d'Europe.

Ces femmes que vous voyez devant vous,
et qui viennent de notre côté, sont chargées
de patates, de gingembres et de légumes
qu'elles portent au marché. Tout à l'heure
vous les verrez prendre la *tangente* pour nous
éviter. C'est l'habitude. Si nous cherchons à
les ramener près de nous par des paroles
bienveillantes, il y a fort à craindre qu'elles
fuient encore plus vite que jamais.

Avant d'arriver à notre château fort, nous
trouvons une petite plaine remplie de magni-

tique riz, de cannes à sucre, de haricots, de patates et même de joncs pour faire des nattes.

Patience, nous arrivons. Il faut gravir cette petite montagne, sur le sommet de laquelle vous apercevez déjà les murailles du château. Il y a un mois, nous aurions rencontré sur notre route, parmi les pierres, le beau lys à la blanche corolle, et même l'oranger en fleurs. Arrivés à 40 ou 50 mètres au-dessus du niveau de la mer ou du lit de la rivière qui passe au pied de la montagne, nous trouvons la porte d'entrée. L'emplacement de cette porte et les ruines témoignent encore de sa grandeur (environ 2 mètres) ; quelques pieds de rhubarbe poussent au milieu des ruines. L'intérieur du château est disposé en amphithéâtre. Les murs d'enceinte existent encore partout, mais ils sont tous délabrés à l'intérieur. Ils étaient construits de *pierres sèches* (sans mortier). La longueur, que je n'ai pu mesurer exactement, peut bien être de 150 mètres et la largeur de 60 à 80 mètres. La hauteur se divise en quatre espèces d'étages distingués par des murs qui règnent dans toute la largeur. Dans la troisième division, il existe encore une autre porte en

pierre de taille dont la partie supérieure est
soutenue par des racines d'arbres à pagode
qui se sont si élégamment disposées le long
des côtés et à la voûte, qu'un artiste ne pourrait s'empêcher de la dessiner en la voyant.
Dans cette troisième porte, on semble encore
reconnaître l'emplacement de bâtiments con-
fortables : c'était probablement le quartier du
gouverneur. A droite et à gauche, il y a deux
petites enceintes dépendantes de celle-ci ; il
y a aussi une espèce de petit bocage planté
de divers arbustes, entre autres de beaux
orangers. En suivant un petit sentier derrière
cette enceinte, on trouve une muraille très-
élevée avec un grand porche, ainsi qu'une
haute porte bien ferrée et fermée avec un
cadenas. Comme cette porte ne s'élève pas
jusqu'à la voûte cintrée du porche, nous
avons pu l'escalader et passer de l'autre côté.
Nous nous sommes alors trouvés dans un
petit bois au fond duquel se trouvent des
pierres sacrées sur lesquelles on brûle encore
de temps en temps des bâtonnets et des parfums.

En revenant de ce bois et traversant la
troisième enceinte, si on prend un sentier à
gauche et que l'on passe par une brèche faite

dans le mur, on se trouve dans une nouvelle
enceinte que l'on ne voyait pas d'abord et qui
est presque aussi grande que la première. De
cette enceinte, en suivant la montagne et à
quelques centaines de pas, on arrive à un
gros village qui, par le titre de ville (*goussi-
kou*) qu'il porte encore, atteste de son antique
importance. Nous trouvâmes dans cette enceinte trois *hiakou-so* (cultivateurs)[1]. L'un
de mes confrères, qui parle mieux leur langue, leur demanda le nom de ce lieu.

— Il s'appelle, dirent-ils, *Timi-goussikou*
(le fort de la ville Timi).

— Anciennement qu'est-ce qu'il y avait
ici ?

— Oh ! anciennement il y avait un grand
chef... Il s'en alla demeurer à Chouï (capitale
actuelle de Lou-tchou).

— Y a-t-il longtemps ?

— Oh ! oui, il y a bien longtemps.

[1] On appelle *hiakou-so* (bas peuple) des individus
de classe infime. Quelque riches qu'ils soient (et il y
en a de très-riches), ils ne peuvent jamais espérer
devenir *samouraï*. Ils n'ont pas même le droit de porter
la *ceinture de soie*; ils doivent se borner au coton. De
même pour les chaussures, ils ne peuvent en porter
d'*écorce de bambou*; ils doivent se contenter de chaussures en paille.

Et aussitôt ces braves gens, regardant à droite et à gauche comme des voleurs qui craignent d'être surpris, nous quittèrent et se mirent tout près de là à leur travail sans vouloir nous en dire davantage. Nos maîtres, que nous avons interrogés sur ce château, ont été encore plus réservés que les hiakou-so, de sorte que je ne puis vous donner d'autres renseignements historiques sur son compte. J'ajouterai seulement que, de ce château, l'on découvre parfaitement la mer au nord et à l'ouest.

Dans le nord, à deux ou trois lieues de Nafa, se trouvent les ruines d'un autre château, d'où l'on découvre la mer à l'est et à l'ouest. Il s'appelle *fort d'Ourasi.* Dans la colline sur laquelle il est construit, on trouve une caverne à stalactites et stalagmites encore en voie de formation.

Pour terminer notre excursion, nous reviendrons par le marché. *Oh hoye ! oh hoye !* Que veulent dire ces cris ? Ils veulent dire, très-cher Monsieur, que le feu dévore quelque maison. Les incendies ne sont pas rares dans ces petites habitations couvertes en chaume et à bas étage. Aussitôt que quelqu'un, même un enfant, s'en aperçoit, il donne

l'alarme par ce cri *oh hoye !* et, dans quelques
minutes, vous entendez les mêmes cris dans
toute la ville de Nafa et même dans la campagne. A cela vient s'ajouter le son d'un grand
coquillage dont on obtient en soufflant quelque
chose de semblable aux avertissements de
vos cantonniers de chemin de fer. Ces cris,
qui se propagent très-rapidement, sont vraiment curieux à entendre, le soir après la
chute du jour. Il paraît que, dans ces cris,
il y a une idée de superstition. Chacun veut
par là prier le diable d'avoir l'obligeance de
ne pas brûler sa propre maison. Les incendies à Lou-tchou sont communs, mais les
dégâts sont presque insignifiants. Les maisons étant généralement très-espacées les
unes des autres, il est rare qu'il y en ait plus
d'une qui devienne en même temps la proie
des flammes, et pour ce qui est du mobilier
des Lou-tchouans, il n'est d'ordinaire pas
riche.

Nous voici à la place du marché. On trouve
ici tout ce dont on a besoin. Voici à droite le
marché à la viande et au poisson : on y vend
de temps en temps du requin. A gauche vous
avez les oranges, les patates, les allumettes,
les boîtes, la poterie, la ferraille, et ici, tout

à côté de nous, vous voyez les pinceaux, le papier, et en un mot, toutes les fournitures des écoliers. Un peu plus loin vous avez les toiles (de coton et de bananier), les ceintures, les franges; puis, le riz, le blé, le thé, les *mami* (pois ou haricots); etc. Un peu plus loin encore nous trouverons les chaussures du pays (ce sont celles d'été), le tabac en feuilles ou bien coupé et mis en petits paquets : ici c'est le sucre et les gâteaux de différentes espèces ; enfin voici des joujoux qui me rappellent les sifflets à deux sous de nos campagnes; ce sont des sifflets à bon marché, des figurines enluminées de rouge, de jaune et de vert, des poissons en plâtre montés sur des roulettes et agitant leurs nageoires. Ce sont des jouets d'enfants qui viennent du Japon.

Ce marché se tient tous les jours, même quand il fait mauvais temps. Cela vient de ce que l'on va rarement acheter dans les maisons. Les femmes que vous voyez ici veiller sur ces petites boutiques les mieux montées sont généralement les domestiques d'une maison de commerce. Il n'y a point d'hommes au marché : ce sont des femmes qui font toujours le trafic. Il paraît que dans les maisons de négoce de Nafa, même dans celles qui sont riches, c'est *la femme* qui s'occupe du commerce, pendant que monsieur se repose. Les femmes du quartier de Kouninda et celles de Chouï, au contraire, ne s'occupent qu'à confectionner les toiles; elles ne font pas de commerce, ce serait une fonction déshonorante pour elles.

Quant au système monétaire de nos commerçants, tout ce que je puis vous dire, c'est que nous n'avons vu jusqu'à présent que des sapèques plus mauvaises que celles de la Chine avec lesquelles elles sont quelquefois mélangées. Nous ignorons s'ils ont des pièces d'argent. Le gouvernement nous change les piastres américaines au taux de 1,440 sapèques.

LE DÉTROIT

DE MATSMAYE

LE DÉTROIT DE MATSMAYÉ

[NORD DU JAPON]

Baie du Barracouta, le 5 juin 1856.

Si ce n'est point abuser de vos moments et
si vous ne craignez pas d'avoir froid, venez
avec moi, nous voyagerons un peu dans le
Nord. Je ne m'arrêterai pas à vous faire étudier l'archipel de Chousan, à l'est de la Chine,
ni cette ville de Ting-haï dont les Anglais
s'emparèrent en faisant un débarquement de
quelques soldats qui prirent la ville par derrière, ce qui, du reste, fit dire aux Chinois
que les Anglais ou *Cheveux-rouges* étaient
des hommes qui n'avaient pas osé se présen-
ter de face pour attaquer la grande porte du
sud. Je vous mentionnerai seulement la mort
chrétienne d'un jeune enseigne, décédé sur
la Sybille, et dont le corps fut déposé dans
un terrain presque français, après avoir tra-
versé, précédé de la croix et de prêtres en

habits de chœur, cette ville qui ne devait pas
même être ouverte au commerce. Le terrain
en question se trouve sur une propriété ache-
tée dernièrement par les missionnaires laza-
ristes et cultivée par des enfants abandonnés
et élevés avec les deniers de l'association de
la Sainte-Enfance.

Je n'entre donc dans aucun détail sur ce
pays qui vous est déjà connu, ni sur Ning-po,
plus connu encore que Ting-haï. Nous monte-
rons de suite un peu plus haut, seulement
vous me laisserez le temps de lire votre aimable lettre que je reçois à l'embouchure du
Yang tse-kiang, puis je vous raconterai de
suite que le 20 juin nous nous trouvions sur
une mer resserrée entre deux montagnes couvertes de neige. C'étaient d'un côté les monts
du Japon, et de l'autre ceux de Yéso. La brise
qui caressait les neiges en traversant les lieux
les plus élevés, nous força à reprendre nos
manteaux et à nous couvrir de plus en plus.
Nous étions dans le *détroit de Sangar*, qui
sépare la mer du Japon de l'Océan-Pacifique.

Dans la soirée même, nous jetions l'ancre
dans le port d'*Hakodadé*. Cette ville, située à
la pointe est de la partie sud de l'île de Yéso,
vous est déjà probablement connue. Vous

avez sans doute vu dans les journaux comment M. de Maisonneuve, commandant la
frégate *la Sybille*, avait pu obtenir, grâce à
son intelligente énergie en face des mandarins japonais, l'autorisation de déposer ses
nombreux malades dans une grande pagode;
vous aurez appris par la même voie que les
Japonais avaient fourni des vivres à ces malades pendant plusieurs mois et que, pour la
première fois, un aumônier français en sur-
plis, précédé de la croix, avait paru dans les
mers d'Hakodadé pour accompagner les morts
à leur dernière demeure.

Hakodadé est une petite ville essentielle-
ment commerçante par sa position sur le ver-
sant d'une montagne aride, sur une pointe
sablonneuse et étroite qui regarde, d'un côté,
la mer du Japon, et, de l'autre, l'Océan-Pacifique. Les jonques et les navires trouvent
dans son port un très-bon abri. Tous les jours
sa principale rue est remplie de mauvais chevaux ou de bœufs maigres, chargés de provisions. Le charbon de bois de cet endroit est
surtout d'une qualité remarquable.

Les rues sont beaucoup plus larges que
celles des villes chinoises; toutes sont sales,
à l'exception de la principale, qui peut avoir

10 à 12 mètres de largeur. Les maisons, en
bois, ne sont pas belles ; les plus remarquables ont seulement un étage. Quelques-unes
sont recouvertes de chaume, les autres de
briques fixées à la charpente par des pierres
plus ou moins pesantes qu'on y a superposées.
Sur le pignon de ces maisons on aperçoit presque partout des seaux ou autres vases à large
ouverture. J'avais entendu dire assez sérieusement que l'intention des Japonais était d'a-
voir ainsi un réservoir d'eau sur chaque maison, en cas d'incendie. Il n'en est rien, comme
vous le pensez ; un réservoir de cette dimen-
sion serait ridicule, et d'ailleurs les Japonais
d'Hakodadé ont un système de pompe pour
arroser les rues, qui servirait en cas d'incendie. Ces vases, ordinairement surmontés d'une
espèce de balai ou d'une perche presque en
forme de croix, m'intriguaient d'autant plus
que je ne concevais pas bien comment les
Japonais pouvaient les faire entrer comme
simple ornement dans leur architecture. J'ai
fini par découvrir que ces vases étaient ainsi
placés pour la commodité des corbeaux, et
probablement aussi pour la propreté de la
ville. J'ai vu des corbeaux, perchés sur ces
manches à balai, descendre dans les vases et

donner à manger à leurs petits. Les corbeaux,
que l'on rencontre en grand nombre dans ce
pays, y sont très-familiers ; les marchands
qui viennent à la ville, conduisant quelques
chevaux ou des bœufs (ces derniers servent
de bête de somme) doivent veiller à leurs sacs
de provisions s'ils s'arrêtent quelque peu pour
fumer la pipe, car sans cela ils seraient bientôt percés par ces corbeaux, qui ne manquent
jamais de s'abattre sur les animaux abandonnés à eux-mêmes.

A peine avions-nous mouillé à quelques
encâblures de la ville, qu'un envoyé du Gouverneur vint signifier à bord de *la Virginie*
que toute communication avec la terre était
interdite. Néanmoins une heure après, des
officiers autorisés par l'amiral Guérin des-
cendaient dans la ville sans aucune opposi-
tion de la part des autorités et au grand plaisir de tous les habitants.

Pendant le temps que nous sommes restés
dans le port d'Hakodadé, je suis descendu
chaque jour, et je n'ai jamais rencontré que
des figures bienveillantes. Les surveillants ou
les soldats eux-mêmes, lorsqu'ils pouvaient
s'éloigner des regards de leurs chefs, étaient
heureux de nous dire quelques mots japonais

et de nous demander les mots français correspondants. L'un de ces soldats, à la mine éveil-
lée et intelligente, parlait avec moi et mon
confrère habillé en laïque, et nous écrivait
sur sa main les mots que nous ne saisissions
pas bien. Depuis plus d'un quart d'heure, il
se réjouissait avec deux autres jeunes gens
de pouvoir communiquer avec nous, lorsqu'il
nous dit à part et sans remuer : « Nous ne
pouvons plus vous parler, voici le *chien*
(*baka*) » ; c'était un vieux surveillant. J'eus
le soin de me faire expliquer le mot *baka*,
qui correspond parfaitement à cette expres-
sion française : « C'est un mauvais chien ».

Mon confrère avait pénétré dans une ar-
rière-boutique sans avoir été remarqué par
les soldats. L'un des jeunes gens de la bou-
tique entra avec lui, le conduisit dans tous les
appartements, lui servit de la nourriture et
lui remit sous son manteau un Dictionnaire
japonais-chinois sans vouloir en accepter le
prix. Il lui recommanda seulement de bien le
cacher, parce qu'il craignait d'être décapité
si la police le découvrait ; il accepta un crayon
et un petit couteau.

Partout nous rencontrions des hommes, des
femmes, des enfants nous contemplant avec

curiosité et sans crainte. J'ai vu, dans les maisons, les femmes mariées avec leurs sourcils
rasés, et les jeunes filles s'approcher avec
confiance et examiner nos habits, nos boutons et nos montres.

Il n'y a pas de luxe dans le costume des
habitants; les femmes sont enveloppées dans
une large robe qu'elles tiennent fermée par
devant, avec les mains, sans toutefois prendre
beaucoup de soin pour éviter les rhumes de
poitrine. Les hommes qui venaient des montagnes à la ville portaient un costume sale
et pauvre, et des espèces de guêtres attes-
tant qu'ils vivent dans des régions froides,
même à la fin de mai. Les hommes de la ville,
au moins ceux du peuple, sont dégoûtants;
ils ne semblent prendre à tâche que de cacher leurs épaules; leur robe, à peine fixée
sur la poitrine, voltige au gré du vent. D'ailleurs, des témoins oculaires m'ont certifié que
dans les bains, séparés du public par de simples rideaux qu'un souffle peut soulever, les
hommes, les femmes et les enfants se lavent
des pieds à la tête sans prendre la moindre
précaution pour observer, sinon la modestie,
au moins la décence.

Je n'ai pas eu assez de temps pour visiter la

campagne et les montagnes voisines. Cependant le terrain doit être bon, à en juger par le boisement magnifique de ces montagnes, et par quelques arbres fruitiers dont les fleurs commençaient à s'épanouir, tels que le pêcher, le prunier, le cerisier. Il y vient aussi des poiriers : nous avons acheté une grande quantité de poires ; elles étaient grosses, mais d'une qualité inférieure.

Après avoir quitté Hakodadé, où je ne suis malheureusement pas resté assez longtemps pour étudier les Japonais et leur langue, nous passâmes assez près de la ville de *Matsmayé*, capitale de l'île de Yéso. Elle est située à la pointe ouest de la partie méridionale de cette île. Elle nous a paru grande ; quelques monuments plus élevés que les autres maisons et entourés d'arbres, semblent indiquer quelques belles habitations et des jardins agréables.

Avant de quitter la baie de l'Empereur-Nicolas pour nous enfoncer davantage dans la Manche de Tartarie, permettez-moi quelques observations.

Le gouvernement japonais, exclusif et despotique de sa nature, dont l'orgueil incroyable avait été entretenu, nourri par ses rela-

tions antécédentes avec les puissances
occidentales, sans en excepter la France,
le gouvernement japonais, dis-je, encouragé
par les succès récents obtenus auprès des
Anglais et des Américains, en les faisant con-
sentir à des traités humiliants (c'est ici
l'opinion publique), désire vivement faire
une négociation semblable avec la France,
afin d'écarter en réalité de son pays, et par
voie de traité, tous les étrangers qu'il croit
avoir à redouter. De plus, il sait que la
France est puissante : aussi pour presser le
traité qu'il désire, le gouvernement japonais
refuse de recevoir de l'argent pour les vivres
et les marchandises que les Français achè-
tent. Dernièrement encore des provisions ont
été achetées par les Français ; il y en avait
pour quelques centaines de piastres : l'argent
a été refusé, pour n'être réclamé qu'après la
conclusion du traité.

A peine le premier interprète japonais
Namoura avait-il rencontré le Commandant
de *la Sibylle*, qu'il le questionna sur la prise
de Sévastopol et sur les navires que la France
envoyait en Chine. Il lui demanda ensuite si
la France ferait un traité avec le Japon. On
voyait que cette question préoccupait singu-

lièrement son gouvernement. Si quelqu'un a
honoré son pays en face des Japonais; si
quelqu'un a compris la politique à suivre
dans l'Extrême-Orient, c'est M. de Maisonneuve. La connaissance des choses, l'honneur
de ma patrie et la reconnaissance personnelle
me font un devoir de le dire hautement.

Pour apprécier ce qui suit, n'oublions pas,
cher monsieur, que tout ce qui est dit aux
hommes officiels du gouvernement japonais,
est scrupuleusement noté et expédié à Yédo.

Le commandant de *la Sibylle* répondit à
Namoura : — Je ne sais quand la France voudra faire un traité avec le Japon ; mais quand
notre grand empereur voudra traiter avec
votre empereur, il lui fera un grand honneur;
car la France est infiniment plus riche, plus
belle et plus puissante que le Japon, et il ne
lui est pas nécessaire pour être heureuse de
faire le commerce avec vous; la France n'a
pas besoin du Japon, tandis que le Japon
pourra bien, dans peu, avoir besoin de l'influence de la France.

— Mais les Anglais et les Américains ont
fait un traité avec nous, pourquoi ne feriez-
vous pas de suite un traité semblable?

— Jamais, jamais.... Je n'ai aucun pouvoir

pour traiter; je ne sais ce que ferait mon
empereur et son gouvernement ; mais ce que
je sais, c'est que jamais ils ne consentiront à
faire un traité aussi humiliant.

L'impassible Japonais changea de figure.

— Je vous le dis encore une fois, lorsque
la France traitera avec vous, vous devrez
vous féliciter de cet honneur.

Deux jours après cet entretien, le commandant refusait de recevoir un présent que le
gouverneur lui faisait remettre par deux
officiers supérieurs, accompagnés de deux
interprètes.

— Je ne peux accepter, pour plusieurs rai-
sons, dit-il. Le gouverneur a fait rendre un
petit cadeau fait à un de vos interprètes par
un de mes officiers, ce qui m'a fait beaucoup
de peine. Mon grand empereur me ferait des
reproches si j'acceptais des présents d'un
homme qui a fait à des Français l'injure de
ne pas les traiter comme des amis. J'en suis
fâché pour vous que je connais depuis un an,
mais je n'accepterai pas. Lorsque je dirai
dans mon pays comment les Japonais veulent
exclure sans raison les Français de leur
royaume, on les prendra pour des barbares,
on voudra traiter avec vous comme avec des

barbares, et j'en serai fâché pour vous que
j'estime.

— Il est vrai, notre gouverneur de l'an
dernier était bon et intelligent, tandis que
celui que nous avons maintenant est mauvais
et ne comprend pas les choses. A cause de
nous qui vous aimons, qui avons mangé à
votre table, nous vous en prions, acceptez.

— Non, je ne puis.

Ces conversations, dont j'ai été témoin au-
riculaire, peuvent vous donner une idée très-
juste de la politique à suivre dans nos relations avec les Japonais. Puisse le jour n'être
pas éloigné où l'empereur tournera ses regards vers des nations entières qui aspirent à
la civilisation, impossible sans l'influence de
la religion chrétienne : le Japon sera à
moitié ouvert. Une petite escadre, avec la
volonté puissante de Napoléon, verra aussitôt
tomber devant elle, à l'applaudissement de
tous les peuples, des Chinois et des Japonais
eux-mêmes, des barrières que trop longtemps
on a eu le malheur de croire infranchissables.

LA BAIE

DU BARRACONTA

LA BAIE DU BARRACONTA

[TARTARIE ORIENTALE.—MANCHE DE TARAKAÏ]

Mer du Japon, à bord de la *Virginie*, le 14 juillet 1856.

Avez-vous trouvé sur vos cartes la baie de laquelle ma dernière lettre était datée ? Je réponds pour vous avec assurance : non ; — et je m'empresse, pour ne pas être surpris une seconde fois par une occasion fugitive, de vous donner des éclaircissements sur sa position.

La *baie du Barraconta* ou *baie de l'Empereur-Nicolas*, se trouve sur la côte de Tartarie, par 49° 1' 50" latit. N. et 137° 58' 40" long. E ; elle serait à la place des îles *Prise* et *Bordelas*, qui n'existeraient alors que sur les cartes. Les Anglais, qui ne la connaissaient pas, y firent leur entrée le 14 mai dernier, sur le vapeur le *Barraconta*, de là son nouveau nom. Les Russes l'avaient déjà découverte et nommée baie de l'Empereur-Nicolas. Cette baie, dont l'entrée est facile, serait, dans l'opinion de nos vieux marins, la plus belle et la plus sûre de toutes celles qui leur sont connues. Partout il y a bon fond, partout les centaines de navires, qui pourraient y être contenus, seraient admirablement abrités. L'eau est loin d'être limpide ; sa couleur noirâtre, au contraire, atteste qu'une couche épaisse de vase, formée par les détritus des végétaux, recouvre le fond. Il ne peut, du reste, en être autrement, attendu que le rivage est partout tellement garni de sapins, de mélèzes, de bouleaux, et d'aunes, qu'il est extrêmement difficile de marcher dans les bois qui offrent aux pieds un épais tapis de mousses de différentes espèces et de couleurs variées, recouvert de milliers d'arbres tombés dans tous les sens.

On trouve dans ces parages de l'eau douce en si grande abondance que même, dans la partie voisine de la mer, l'eau n'est presque pas salée, tandis qu'elle est entièrement douce dans les différentes petites baies avancées dans les terres.

La morue, la plie, le hareng, le saumon et une autre espèce de poisson assez voisin de ce dernier et d'un goût plus délicat, sont assez abondants dans cette baie.

Le 1er juillet 1856, la baie du Barraconta
retentissait des coups de canon français et
anglais : ils nous annonçaient la paix et inau-
guraient pour nous un jour de fête. Si nous
étions venus un an plus tôt, il n'en eût probablement pas été ainsi : les canons n'auraient
plus annoncé la paix, ils auraient porté la
mort et la dévastation sur le rivage et sur les
navires français et anglais. C'est que les
Russes occupaient la position qu'ils avaient
fortifiée. Jetez les yeux sur le croquis ci-joint :
à l'entrée de la baie Pallas à droite (n° 1) se
trouve un rocher brisé, sur lequel les Russes
avaient pu facilement installer deux obusiers
et des tirailleurs. Plus loin, sur le même
bord, nous avons visité les terrassements
considérables d'une batterie de huit canons ;
un four avait été construit dans cet endroit
pour faire rougir les boulets. Des cabanes
détruites avaient dû servir à abriter les pauvres Russes ; un monceau de misérables co-
quilles de différentes espèces semblaient
attester encore qu'ils furent obligés de
demander à la mer l'aumône de mauvais
mollusques. Des fosses, au nombre de seize,
surmontées d'une croix, redisent que la mort
sait trouver les pauvres humains dans les

déserts de Tartarie aussi bien qu'au sein de
nos cités les plus peuplées. Les inscriptions
attestent que, dès 1854, les Russes avaient
visité cette magnifique baie. D'ailleurs, ils y
sont restés assez longtemps pour sentir le besoin de se procurer quelques légumes, en
cultivant un sol qu'il leur fallut d'abord dé-
fricher. Nous avons trouvé, en effet, sur la
terre remuée et disposée en *planches*, des
feuilles de chou à moitié pourries, quelques
navets et des tiges de cucurbitacées desséchées, qui semblent indiquer la présence des
Russes pendant des mois.

Après avoir passé le petit cours d'eau
marqué sur le plan (n° 2), on arrive à une
seconde batterie de 10 canons. Les épais
talus de terre pouvaient défier bien des boulets. Outre ces deux batteries une frégate
russe de 60, *la Pallas*, devait être embossée
entre ces deux batteries, à peu près à l'endroit où elle est notée sur le plan. Cette frégate a été brûlée en partie et coulée sur place.
Pourquoi et comment cela s'est-il fait? Les
Russes pourront nous l'apprendre, mais tout
ce que nous savons, c'est qu'un navire ayant
les dimensions d'une frégate a été coulé à
l'endroit indiqué. Des plongeurs ont distingué

les parties brûlées; une ligne de sonde a
déterminé les dimensions de ce navire, dont
certaines parties ont pu être arrachées : deux
pistolets en bon état ont été retirés par un
officier de *la Virginie*.

En regardant de la baie de la Pallas dans
la direction n° 2, on découvre une autre baie
y faisant suite, qui peut avoir de 2 à 3 milles
de longueur, et dans laquelle il y a fond pour
les navires. — Cette baie est elle-même
suivie d'une autre qu'on n'aperçoit qu'à
l'extrémité même de la seconde baie. Elle
est peu profonde : un cours d'eau, dans
lequel on peut, à marée haute, remonter
jusqu'à 5 ou 600 mètres, tend à la combler
de plus en plus par la terre et les débris organiques qu'il charrie en abondance.

Dans toute cette partie de la baie, je n'ai
rencontré aucune figure humaine : des ca-
nards, des hérons, des cormorans, et quelques
autres oiseaux aquatiques ou de proie ani-
maient seuls ce paysage, dont le fond est
formé par une chaîne de hautes montagnes
éloignées à 20 ou 30 milles de la baie.

En revenant vers la première entrée et
faisant face au n° 3, on voit une immense
baie s'étendant à 5 ou 6 milles : à droite et à

gauche, elle est flanquée de plusieurs petites
baies; les deux qui sont à gauche se font
remarquer par leur grandeur et par l'abri
qu'elles offrent de tous les côtés. Vers l'extrémité de cette longue baie, le fond diminue;
puis, après avoir passé une *barre*, on retrouve
2 et 3 brasses d'eau dans une assez large
rivière. En la remontant, on trouve de
grandes plaines, ou plutôt de vastes terrains
marécageux, au moins dans la saison com-
prise entre les mois de mai et de juillet.

La baie du Barraconta, qui serait si vi-
vante à cause des avantages qu'elle présente
en elle-même et des bois de mâture et de
construction dont sont garnis les rivages, si
elle était sous un climat moins rigoureux,
n'est qu'un vaste labyrinthe dans lequel se
perdent quelques pauvres cabanes habitées
par des créatures misérables au type chinois.
Je suis même porté à croire que ces quelques
cabanes (j'en ai vu trois) n'existent pas toute
l'année. C'est qu'en effet, j'ai rencontré deux
emplacements sur le bord du rivage, toujours
à côté d'un cours d'eau, recouverts de débris
de cabanes brûlées, ce qui me ferait penser
que quelques Tartares viennent à une cer-
taine époque pour pêcher et chasser l'ours et

le caribou, puisqu'ils retournent ensuite dans
les montagnes où se trouveraient quelques
centres de populations. Les douze à quinze crâ-
nes d'ours suspendus près d'une habitation[1],
les débris de peau de l'animal que nos marins
appellent *caribou*[2] témoignent au moins de
l'existence de ces animaux dans ces parages.

Voulez-vous construire une cabane tartare pour la mettre à l'exposition prochaine,
déterminez sur le terrain un rectangle de 2
ou 3 mètres de longueur sur 2 environ de largeur; placez pour fondements deux ou trois
troncs de sapin ou de bouleau sur chaque
côté; pour pignons deux troncs d'arbres
fourchus; pour ferme de la charpente un
autre pied d'arbre reposant sur les pignons;
puis prenez quelques dizaines de troncs

[1] Quelques voyageurs nous ont parlé de têtes d'ours
qu'ils avaient eu l'occasion de voir, à diverses reprises, suspendues à l'entrée des maisons des Aïno,
dans l'île de Yéso. Le renseignement donné ici par le
Père Furet nous porte à croire qu'il y a dans cette
circonstance quelque coutume particulière à la race
Aïno qui, comme l'on sait, s'est répandue non-seule-
ment dans Yéso, Karafto et les Kouriles, mais encore
sur la côte orientale de Tartarie, dans le pays de San-
tan.

[2] Espèce de renne sauvage dont on mange la chair.
On rencontre une espèce de ce genre en très-grand
nombre au Canada.

d'arbres moins gros, posez-les sur les fondements qui servent alors de sablières, laissez-
les reposer sur la ferme ; recouvrez le tout
(excepté un petit espace pour laisser échapper
la fumée) avec de l'écorce de bouleau, et
vous aurez un *palais tartare*. Le rectangle
n'est pas toujours régulier, de sorte que la
cabane ressemble assez souvent à un cône.

L'ameublement est en parfaite harmonie
avec le genre d'architecture à l'usage de ces
pauvres nomades. Des arcs, des flèches, une
ou deux petites haches grossières, quelques
vases en écorce de bouleau, quelques peaux
de chien, d'ours, ou de caribou pour servir de
lit, voilà en quoi consiste le luxe des palais
en question. Néanmoins ce sont des créatures
humaines qui habitent dans ces cabanes ! J'ai
vu cinq personnes, dont deux hommes, un
jeune garçon de quinze à seize ans, une
femme et son petit enfant, n'ayant pas d'autre
habitation que celle que je viens de décrire,
et encore la partageaient-ils la nuit avec leurs
nombreux chiens ! Que les missionnaires ne
peuvent-ils être partout, pour préparer, au
moins un avenir heureux à de pauvres créatures qui sont si mal partagées sur la terre !

Quelle est la nourriture de ces habitants ?

me direz-vous. Je n'en sais rien au juste :
je sais seulement qu'ils font sécher du poisson
et qu'ils mangent avec délices la tête du
poisson cru.

Presque tous ces habitants portent des
boucles-d'oreilles en plomb, garnies d'une
grosse perle jaunâtre ou rougeâtre, faite avec
une vertèbre de poisson, si j'ai bien compris
les signes de l'un des hommes. Leurs pirogues ne sont autre chose qu'un tronc d'arbre
creusé.

Leur costume est d'une pauvreté et d'une
saleté dégoûtante : ce sont des lambeaux de
capote ou de toile qu'ils doivent, je pense, à
la générosité des Russes ou des Anglais.

Lorsque nous arrivâmes, le 4 juin, pour la
première fois dans cette baie, les neiges qui
couvraient les montagnes, les glaces qui
décoraient encore quelques parties du rivage
ou qui formaient des espèces de *ponts sou-
terrains* sur les ruisseaux que nous trouvions
au milieu des bois, étaient des témoins in-
contestables de la rigueur et de la durée de
l'hiver. Les glaçons des ravins avaient commencé à fondre : néanmoins beaucoup pré-
sentaient encore une épaisseur d'un à deux
décimètres. La nature n'était pas riche en

fleurs : des *violettes* jaunes, quelques pieds
d'*anémones* à grande fleur d'un brun sombre,
des *corydalis*, à belles fleurs bleues ou roses,
voilà les seules plantes qui osaient braver une
température de + 6° 4'.

Le 19 juin, nous revîmes cette même baie;
la nature y avait changé complétement d'aspect dans l'espace de quinze jours. La température était montée à une moyenne de + 13°,
5' (du 19 au 24 juin) et de + 16° (du 25 juin
au 26 juillet). Les neiges étaient fondues, la
glace ne se voyait plus que très-rarement
dans les ruisseaux à l'ombre des bois ; tandis
que de nombreuses vipères venaient prendre
place au soleil, sur des pierres argileuses du
rivage. Dans une excursion le long de la mer,
j'aperçus deux de ces reptiles que je crus
reconnaître pour des vipères ; afin de m'en
assurer, j'en pris un que j'examinai à loisir.
Il avait 0ᵐ 67 cent. de longueur. Sa couleur,
sa queue et ses crochets étaient bien ceux de
la vipère de France. Quarante ou cinquante
mètres plus loin j'en vis une troisième. Les
officiers et les matelots en tuèrent quelques-
unes.

La végétation avait fait des progrès, le vert
tendre des feuilles de bouleau décorait admi-

rablement les bords du rivage. Un *iris* nain,
à jolie fleur bleue, tachée de jaune et poin-
tillée de blanc ; les *violettes* jaunes et bleues,
la *potentille*, avec son bouton d'or, des liliacées, et plusieurs autres plantes semblaient
s'être donné rendez-vous sur les côteaux pour
faire diversion à l'aspect sombre des bois.
L'une des liliacées était surtout remarquable;
sa tige, garnie de grandes feuilles lancéolées
et divisées en une multitude de branches
chargées de fleurs blanches par centaines, a
le port de la *patience*. Je ne dois point passer
sous silence une autre fleur si commune dans
ces parages, qu'elle suffirait pour faire la
fortune de quelque bouquetière parisienne :
c'est le *muguet*. Outre les arbres déjà nommés,
nous avons trouvé deux petits *chênes* en
fleurs, ainsi qu'un arbrisseau bien connu,
l'*épine-vinette*.

C'est en furetant dans les bois que j'ai découvert quatre grands cercueils de Tartares
et un petit au milieu d'eux. Ces cercueils,
placés dans le voisinage des cabanes brûlées
et sur les bords du bois, reposent sur deux
madriers (troncs d'arbres), de telle manière
que la tête plus élevée que les pieds regarde
du côté de la mer. J'ai observé plus tard la

même disposition dans deux autres endroits.
Ces cercueils étaient faits avec des planches
peu épaisses, fixées par des tringles en bois,
placées en travers sur le dessus et verticale-
ment aux deux extrémités. Le dessus est en
outre recouvert d'une épaisse couche de
mousse. L'un des cercueils déjà ancien était
ouvert, l'intérieur ne présentait qu'une masse
informe de débris gigantesques. Deux grandes
plaques d'écorce de bouleau recouvraient
encore les pieds, et des débris de plaques
semblables annonçaient que le corps tout
entier avait été recouvert de la même manière. Des lambeaux de vêtements étaient
très-reconnaissables, un arc et des flèches à
moitié pourris reposaient sur le côté gauche,
et un ornement en pierre, d'un blanc-jaunâ-
tre et translucide (dont je vous envoie le
dessin) reposait sur la poitrine. Quelques
perles verdâtres attestaient qu'un collier avait
aussi orné le cou du défunt.

Je ne sais quelle est la langue de ces habitants[1]. Ils n'ont compris ni le chinois, ni le

---

[1] Ce doit être vraisemblablement la langue des
Santans ou *Sandans*, indigènes de la côte orientale de
Tartarie, sur la rive droite du fleuve *Mankô* ou Amour.
Telle est du moins l'élucidation que propose, quant à

japonais, ni la langue des habitants de la baie de Joncquières, sur la côte ouest de Sakalien.

présent, M. Léon de Rosny, qui a donné quelques mots de cet idiome dans son *Introduction à l'étude de la langue japonaise*, pag. 3, d'après un mémoire de M. von Siebold, inséré dans les *Verhandelingen van het Bataviaasch Genootschap*.

LA BAIE

DE JONQUIÈRES

LA BAIE DE JONCQUIÈRES

[CÔTE OCCIDENTALE DE L'ÎLE KARAFTO OU
TARAKAÏ]

Baie de Saba, sur la côte est de l'île Taou-sima, 27 juillet 1856

Après avoir encore passé deux jours dans la
baie du Barraconta, nous appareillâmes pour
aller vers un poste qu'on disait être occupé et
fortifié par les Russes. Nous naviguâmes tout
près de ces mêmes côtes que nul Français
n'avait visitées depuis Lapeyrouse. Nous ne
reconnûmes aucun centre de population.
Nous avons seulement distingué quatre ou
cinq cabanes, en forme de cône, dans une
baie dite *de la Destitution*.

Le 9 juin, les deux frégates françaises
entraient, malgré la brume, fréquente dans
ces parages, et sans hésiter, dans la *baie de
Castries* (lat. 51° 21′ N.; — long. 139° 39′ E.)
et allaient mouiller dans le lieu même où
les navires de Lapeyrouse avaient jeté l'ancre,
c'est-à-dire à quelques centaines de toises du

7

rivage et des flots qui sont dans la baie. Un
petit brick, avec pavillon américain, y était
à l'ancre. Il était venu de San-Francisco,
disait le capitaine, pour vendre des vivres
aux Russes qui, selon lui, se trouvaient nombreux et bien fortifiés sur ce point. Les asser-
tions de ce capitaine ne furent pas crues; bien
plus, nous pensâmes que lui et son brick
étaient russes...

Le 10 juin, un officier russe vint avec le
pavillon parlementaire à bord de *la Virginie*.
Il fut parfaitement reçu. Pour remercier les
officiers de leur bon accueil, il leur témoigna
le regret qu'il avait de n'avoir pas reçu la
nouvelle de la paix sur laquelle il comptait,
afin de les inviter à venir visiter leur établis-
sement. Dans l'incertitude de la paix ou de
la guerre, il pria l'amiral Guérin de ne pas
laisser aller les embarcations dans telles di-
rections de *leurs fortifications* qui furent
toujours et *partout* invisibles pour nous,
même avec les meilleures lunettes.

Le 12 juin nous étions dans la *baie de Joncquières* sur la côte ouest de l'île Sakalien
(latit. 51° 28′ N.; — longit. 138° 52′ E.).
Nous trouvâmes, sur le rivage de cette baie,
deux petits villages formés de huit à dix mai-

sons. Ces habitations sont beaucoup plus con-
fortables que celles des Tartares de la baie du
Barraconta. Plusieurs ont de dix à quinze
mètres de longueur, sur cinq ou six de largeur. Le plancher est élevé d'environ un
mètre au-dessus du sol : il y est soutenu, sur
les côtés et au milieu par des colonnes d'une
sculpture on ne peut plus simple. Ce sont des
troncs d'arbres écorcés dont on a eu soin de
conserver les plus grosses racines pour avoir
une base plus solide ; le plancher lui-même,
aussi bien que les côtés et les pignons de
l'édifice, sont faits avec des troncs d'arbres
également écorcés et parfaitement agencés ;
quelquefois cette cloison est double et calfeu-
trée avec des feuilles ou des écorces ; la charpente est formée d'une double série de so-
lives ; des écorces de bouleau reposent sur la
rangée inférieure et sont retenues en dessus
par la seconde rangée. Sur le devant de la
maison, il y a une espèce de *Veranda* de
1 mètre 50 à 2 mètres de large. Pour y monter, on se sert d'un solide escalier qui dénote
l'enfance de l'art : c'est un fort morceau de
bois dans lequel on a fait de grossières échan-
crures pour servir de gradins. Sur cette espèce
d'amphithéâtre, il y a place pour les per-

sonnes et pour les chiens beaucoup plus nombreux que les habitants. Il est orné d'arcs, de
flèches et de très-légers traîneaux dont le
dessous est garni d'une plaque d'os ou plutôt
d'ivoire, car l'un des habitants m'a fort bien
expliqué que cette matière provenait des
dents de *morse* ou d'un animal marin du même
genre.

L'intérieur de la maison est divisé en plusieurs compartiments, qui tous se distinguent
par leur obscurité et leur saleté. On y voit
quelques vases en écorce de bouleau, des
peaux de chien, de chiens marins et d'ours.
Les chiens ne manquent pas non plus dans
les appartements, d'autres sont attachés sous
la maison, ou bien à des traverses de bois
installées pour cet usage dans le voisinage de
la maison et appelées *anik'n*. Ces chiens sont
de taille moyenne ; la couleur du pelage est
très-variée ; presque tous ont le museau un
peu allongé, et plusieurs sont remarquables
par leurs yeux blancs. Ils ne sont ni méchants
ni lâches comme les chiens chinois. Ils doivent avoir une grande valeur pour leurs misérables propriétaires, puisque l'un de ces
derniers ne voulut jamais en céder un tout
petit pour du linge, ni pour du tabac dnot

ces insulaires sont très-friands. Je présume que ces chiens fournissent des coursiers pour les traîneaux, qu'ils sont employés à la chasse, et qu'après avoir rendu des services à leurs propriétaires pendant leur vie, ils leur fournissent encore des vêtements et une bonne nourriture après leur mort.

Les habitants ont le type chinois : ils conservent tous leurs cheveux longs, arrangés de manière à former une raie sur le milieu de la tête en avant, et, en arrière, une queue épaisse ; souvent cette queue est relevée en forme de chignon. Presque tous portent des boucles d'oreille.

Leurs habits ont beaucoup de rapport avec ceux des Chinois : la veste un peu longue, la ceinture, le pantalon, les cuissards et les bottes avec leurs jarretières sont ordinairement en peau de chien ou de chien de mer. J'ai vu néanmoins une espèce de robe en tissu et un chapeau ou calotte que le propriétaire disait être mandchoux.

Quels sont ces habitants ? d'où viennent-ils ? Je crois qu'ils sont Tartares-Mandchoux ; néanmoins je ne puis rien dire de précis. Tout ce que je sais, en dehors de l'indication donnée pour les habits, c'est que leur langue

ne ressemble ni au japonais, ni au chinois,
ni au coréen..... Vous remarquerez que les
aspirations sont fréquentes et difficiles.

Les barques, quoique bien simples, n'ont
cependant ni la simplicité ni la solidité des
pirogues de la baie du Barraconta : elles se
composent de quatre planches minces, dont
trois longues pour le fond et les deux côtés,
et une petite pour l'arrière. Le devant est si
bien ajusté, qu'il y a toujours libre circula-
lation pour l'eau, dès qu'il arrive un mouve-
ment de tangage.

Les hautes montagnes du troisième flanc
de la côte de la baie de Joncquières étaient
encore couvertes de neige, tandis que les ravins et les nombreux ruisseaux dispersés au
milieu des bois épais des collines sur les premiers plans, étaient en plein dégel. Du 12 au
14 juin inclusivement nous eûmes une température moyenne de + 11° 7'.

Si je pouvais avoir le plaisir d'être avec
vous à Paris, je vous raconterais en
détail une promenade de plusieurs heures
au milieu de ces forêts de sapins et de mélèzes, et vous auriez une idée de l'aspect
sauvage de ces contrées. — Si un torrent se
présente et vous barre le passage, le pont de

pierre ou de fer vous manque ; vous faites,
pour me suivre, une ascension dans un
chêne ; de ce chêne qui s'incline, vous posez
le pied sur un autre planté sur le bord
opposé et vous êtes dans les bois. A chaque
pas, vous avez à lutter contre l'obstacle que
vous présente un petit arbuste assez semblable à la bruyère par son bois et par sa fleur
en grelot d'un blanc verdâtre. Ici ce sont des
arbres qui vous tombent sur les épaules, si
vous les poussez un peu en passant ; là, ce
sont des arbres tombés de vétusté qui vous
interceptent le passage en avant, à droite et à
gauche. Vous vous élancez sur un de ces gros
arbres pour vous en servir comme d'un
marche-pied, et alors... là comme partout,
celui qui s'élève est abaissé, et vous vous
trouvez tout étonné de voir votre pied au-
dessous du tronc et de sentir votre jambe ou
votre cuisse dans un étau. Si, au contraire,
vous avez le bonheur de trouver un gradin
solide, vous voyez au-dessous et plus loin un
joli tapis de mousse verdoyante, vous sautez
dessus.....et vous êtes tout ébahi de vous trouver logé dans le corps d'un gros sapin pourri.

Néanmoins ces forêts vous ménagent, de
temps en temps, quelque petite surprise ;

ici, au lieu de cette sombre verdure de sapins, d'aunes, sur un tapis couvert de mousse
et de débris végétaux, vous reconnaissez avec
plaisir *l'anémone*, *des bois* avec sa fleur d'un
blanc si tendre, le *corydalis*, *l'oxalis* à fleur
blanche et *l'eupatorium* à longues feuilles
lancéolées. Je ne saurais oublier l'étonnement que j'éprouvai en tombant tout d'un
coup dans le haut d'un ravin, dont les petits
ruisseaux étaient encore pavés de glace,
tandis que la partie supérieure offrait une
espèce de parterre orné du *populage* (*caltha*)
avec ses larges boutons d'or, et d'une *aroïdée*
qui doit s'appeler la *magnifique*, à cause de sa
belle et grande fleur d'un blanc pur, s'épa-
nouissant au-dessus du sol et au milieu d'un
bouquet de grandes feuilles qui se déroulent
successivement comme pour la protéger.
J'oubliais de vous faire remarquer que le
groseillier à fruits rouges ou blancs, en
grappes (*castillier*) pourrait bien être origi-
naire de ces contrées (baie de Joncquières et
du Barraconta), car il s'y trouve en grande
abondance dans les bois et surtout sur le rivage. Je l'ai trouvé fréquemment en fleur à
côté d'une espèce de *rosier mousseux* qui
commençait à pousser.

En dehors de ces bois, dans le voisinage même des villages, il n'y a aucune trace de culture; les bœufs, les moutons, les cochons, les volailles paraissent inconnus. On voit seulement quelques *corbeaux*, des *tourterelles*, des *merles*...

Les habitants trouvent sans doute de quoi satisfaire à leurs besoins dans le *saumon*, le *hareng*, la *morue*, la *plie* et le *crapaud de mer*, qui se prennent par centaines tout près de leur village, à l'embouchure de la rivière qui le protége.

Les ruisseaux nombreux qui viennent de l'intérieur charrient beaucoup de vase et de débris organiques. Au moment du dégel, les côtes, sur un espace d'environ six milles, fournissent aussi à la mer, par des éboulements, une grande quantité de vase composée d'humus, d'argile et de sable fin.

Dans la partie nord de la baie, la côte est formée de sable blanc disposé en couches entremêlées de minces zones de sable ferrugineux renfermant des espèces de conglomérats formés de cailloux roulés, réunis dans une pâte ferrugineuse. Plus loin, en allant vers le sud, ce sont des couches d'argile feuilletée, tantôt brune, tantôt ferrugineuse, ou bien

des schistes argileux. Vers l'extrémité sud de
la baie, les couches deviennent plus variées à
mesure que la hauteur de la côte augmente :
on y trouve des filons de houille qui semble
être d'une bonne qualité. Ces couches de la
partie sud sont inclinées de 20 à 25 degrés
du S.-S.-E., au N.-N.-O., aussi bien que
celles du nord ; elles sont interrompues par
d'autres couches verticales. On trouve dans
les pierres argileuses de ces couches du bois
pétrifié et quelques fossiles. Le temps ne
m'ayant pas permis de faire des recherches,
je n'ai pu constater que des débris d'une
petite *ostracée*, d'un assez grand *peigne*, et
d'une autre espèce que je n'ai pu reconnaître.

A la vue des gros morceaux de *charbons
de terre* que nous rencontrions sur la plage,
je pensai tout d'abord que des vapeurs anglais étaient venus dans cette baie. Les filons
dont j'ai parlé, me firent changer d'opinion;
et, en furetant, je finis par trouver de nouvelles
indications. Au bas d'un petit ravin débou-
chant sur le rivage, je remarquai des morceaux de houille au milieu des pierres et de
la boue entraînées par l'eau. Je grimpai plus
haut et j'observai que les morceaux de charbon de terre allaient en augmentant. J'aurais

voulu poursuivre mes recherches : l'heure
me fit revenir sur mes pas, bien convaincu
cependant, d'après ce que je venais de voir,
qu'il y avait de riches gisements de *houille*
dans l'île Sakalien. — Le lendemain nous
mettions à la voile, pour nous rendre à la
baie du Barraconta.

Le calme nous a forcés de mouiller dans
une grande baie à l'est de l'île *Tsou-sima*[1].
Nous avons acquis la preuve, dans ce pays
dépendant du territoire même des Japonais,
que ces insulaires ne sont pas, comme on l'a
dit, des hommes barbares et inhospitaliers.
Je crois vous l'avoir déjà dit : j'ai constaté à
Nagasaki, dans le golfe de Kiou-siou, à Hakodadé, comme ici, une aspiration bien marquée
du peuple pour les étrangers. Hier matin,
une barque du pays s'est approchée de notre
frégate. D'abord la crainte la maintenait à
distance ; mais la curiosité et quelques signes
de notre part la firent accoster. Deux des plus
jeunes se risquèrent à monter sur *un bateau
comme ils n'en avaient jamais vu* : ils étaient
d'une politesse exagérée, leurs yeux n'étaient

[1] L'île Tsou-sima est située au N.-O. de l'île de
Kiou-siou (Japon) et au S.-E. de la Corée, dans le
canal qui porte le nom de ce dernier pays.

pas assez grands pour admirer tout ce qui se
présentait à leur vue sur notre frégate. Je leur
demandai si, dans leur île, il y avait des légumes, des œufs, de la volaille, des bœufs,
des moutons. Sur leur réponse affirmative,
je leur dis de s'en aller et de nous apporter de
l'eau avec les autres choses ci-dessus mention-
nées. Ils descendirent alors dans leur barque
et montrèrent à leurs camarades le biscuit, le
pain et un vieux jeu de cartes dont on leur
avait fait cadeau. Cela donna envie aux vieux
de voir aussi la frégate et ses habitants. Les
canons et les boulets les étonnèrent et les
effrayèrent au point de me demander *s'ils*
n'étaient pas pour eux.....

Après cette seconde visite, nous en reçûmes
un grand nombre d'autres à bord, et dans
toutes les barques, nous voyions des figures étonnées, mais tout-à-fait amicales. Les
vieilles femmes et les jeunes avec leurs enfants à la mamelle, les jeunes filles et les
jeunes garçons, sans en oublier les enfants,
tout était dans les barques, faisant le tour du
navire à plusieurs reprises pour le bien examiner. Pendant que nous étions en appareil-
lage, dans la soirée, une barque nouvelle ac-
costait la frégate et apportait du bois et de l'eau.

Une des choses les plus curieuses fut le changement subit d'une espèce de petit mandarin, en sortant de son village (appelé *So*), au fond de la baie *Sats'ka* : il vint au-devant de la baleinière du commandant en nous faisant signe de nous éloigner. Au lieu de l'écouter nous lui dîmes d'aller voir la frégate, et nous continuâmes notre excursion. A notre retour, nous le revîmes sur la frégate; mais cette fois au lieu de penser à nous inviter à nous retirer, il faisait des salutations à droite et à gauche, joignait les mains et poussait des cris d'exclamation à chaque pas. Lorsqu'il se trouva, lui et ses deux compagnons, en face d'une belle glace, il ne sut plus comment se tenir et exprimer ses sentiments.

Une autre espèce de magister de village m'amusa beaucoup. Il ne connaissait en fait d'étrangers que les Américains. A la vue d'un papier sur lequel se trouvaient quelques caractères japonais, il ne put s'empêcher de manifester son étonnement. Mais quand je lui mis sous les yeux le *Tchoung-young*[1], en chinois et en japonais, il ne se posséda plus. Il se mit à parler avec ses camarades, puis il

---

[1] C'est-à-dire l'Invariabilité dans le milieu, ouvrage de Confucius et de son disciple Tseu-sse.

regardait le livre, puis il me regardait en me
disant qu'à Tsou-sima, on n'avait point ces
précieux ouvrages. Il me demanda ensuite où
je l'avais trouvé, et fut on ne peut plus surpris
en apprenant que je l'avais acheté au Japon.

Les visites réitérées de la frégate auront
donné une grande idée de la France à ces
insulaires, et elles nous ont convaincus de
plus en plus de la bonne disposition des Japonais pour les étrangers, disposition refoulée
par un gouvernement orgueilleux et tyranni-
que.

Voilà, bien cher monsieur, un aperçu d'un
voyage de trois mois, dans des pays presque
inconnus. Dieu veuille bénir nos efforts et se-
conder nos projets! Bientôt, je l'espère, je
vous écrirai du Japon même.

MANUEL

DE

PHILOSOPHIE JAPONAISE

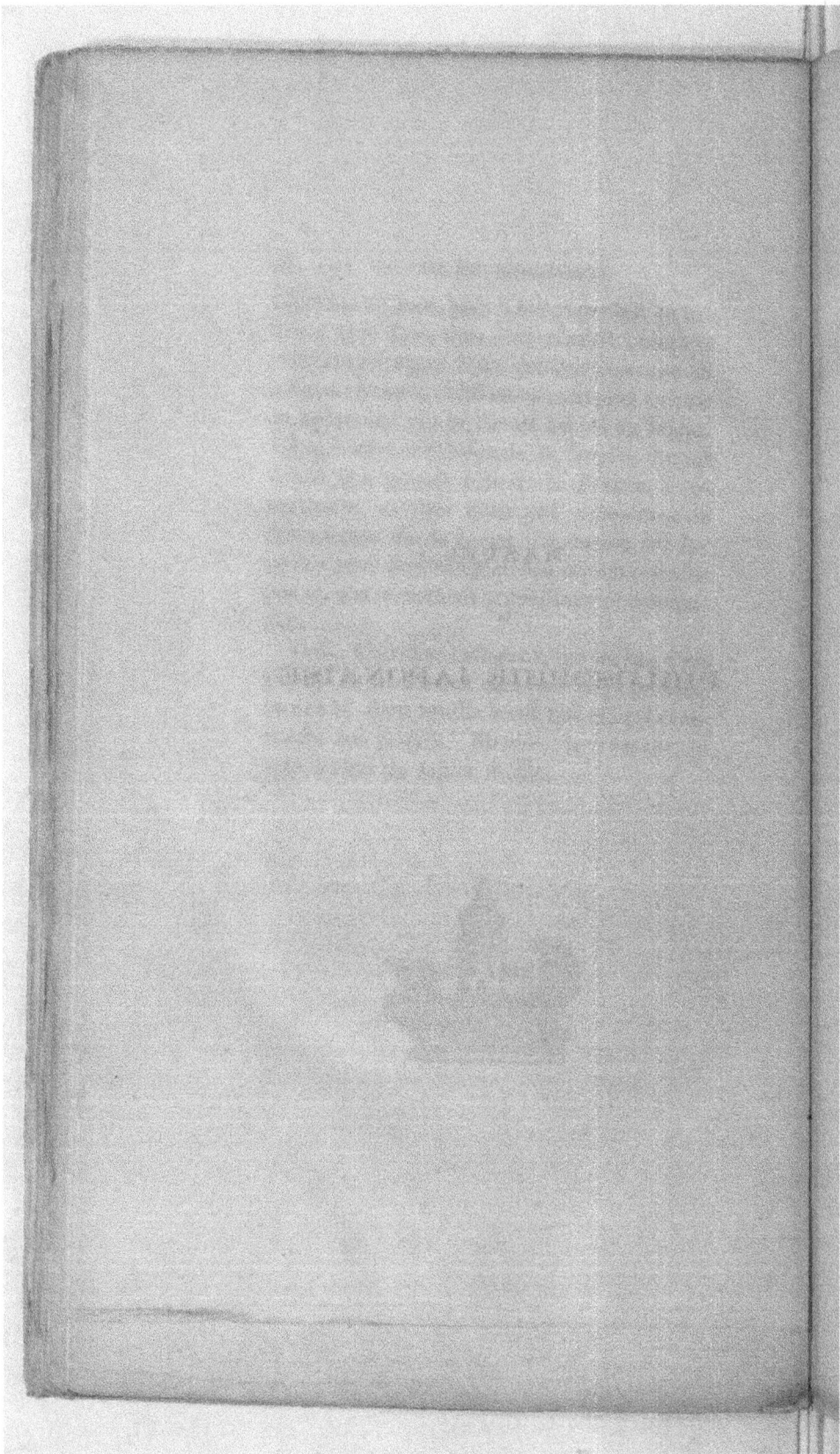

MANUEL

DE PHILOSOPHIE JAPONAISE

traduit pour la première fois

Ce Traité élémentaire de philosophie japonaise, dont l'usage est fort répandu au Japon,
est extrait du *Sin-kagami-gousa*. Sa lecture
donnera une idée aussi exacte que possible
des doctrines actuellement répandues parmi
les Japonais, qui sont les peuples les plus avan-
cés de toute l'Asie orientale. On y remar-
quera une grande conformité avec les doctrines chinoises auxquelles les Japonais ont
beaucoup emprunté, surtout en ce qui regarde
la philosophie et la religion de la classe let-
trée. Il n'est guère possible de fixer la date de
la rédaction primitive du livre dont nous
publions ici la première version française,
bien que nous soyons autorisés à la reporter
à une époque postérieure au dixième siècle de
notre ère.

8

TRADUCTION FRANÇAISE.

Le ciel et la terre sont les père et mère de
toutes choses. L'homme est la plus honorable
créature, il est particulièrement l'enfant du
ciel et de la terre ; c'est pourquoi il doit
servir continuellement le ciel et la terre, et
reconnaître de toute espèce de manières les
bienfaits infinis du ciel et de la terre.

Tout homme doit conserver cela dans son
cœur et ne jamais l'oublier. Il doit se conformer au cœur du ciel et de la terre ; c'est
là la voie de l'homme. Un enfant sans piété
filiale réussira difficilement ; à plus forte
raison, l'homme, enfant du ciel et de la
terre, ne réussira pas s'il leur résiste.

Si l'homme naissait deux fois, et que, par
paresse, il ne suivit pas la voie la première
fois, lorsqu'il redeviendrait homme, il pourrait avec raison compter sur le temps ; mais
puisqu'il ne peut obtenir de naître deux fois,
il doit s'appliquer à se bien gouverner et à
vivre en homme ; il ne doit pas laisser écou-
ler cette vie en vain.

Tout homme doit savoir la voie, et si l'on
veut connaître cette voie de l'homme, il

faut étudier la *doctrine du Saint*, qui est le modèle de l'homme.

Si l'homme n'étudie pas les enseignements du *Saint*, il n'est pas dans la voie de l'homme, il est semblable aux animaux ; il n'est point la perle de toutes choses, il n'y a pas pour lui d'avantage à être né homme.

Pourquoi étudier ? c'est pour apprendre *la voie*; si on sait la voie, c'est pour la pratiquer. Tous les hommes doivent étudier pour apprendre la voie et la pratiquer ensuite.

Si on pense à étudier, il faut dès le commencement prendre une résolution forte de bien étudier, suivre de bons maîtres et fréquenter de bons amis.

Pour l'étude, il faut d'abord prendre une résolution, c'est-à-dire avoir la ferme résolution d'avancer, de *savoir la voie*, de devenir sage, de ne jamais être lâche, et de ne pas se lasser. Si on ne prend pas une ferme résolution, on n'arrive pas à la perfection. Avoir pris une ferme résolution, c'est avoir fait la moitié du chemin. Dans toute chose, il faut avoir un but ; prendre une résolution, c'est la base de l'étude. Cela demande de l'énergie; si on agit avec lâcheté, on est incapable d'apprendre ou d'agir.

Pour arriver au but, il faut une résolution bien déterminée ; on ne doit pas distraire son cœur en s'appliquant à des choses étrangères; ce serait perdre sa résolution de devenir sage par l'étude. Pour arriver à la perfection, il faut s'appliquer tout entier à son affaire ; c'est comme le chat qui guette la souris, comme la poule qui couve ses œufs.

Les arts sont le faîte, et l'étude de la raison est la base : un trop grand amour pour les arts fait perdre la résolution.

Tout homme qui aspire à la science, doit poser le fondement : le fondement c'est *l'humilité* : ne point se complaire en soi-même, ne pas s'élever au-dessus des autres, aimer à interroger les autres, respecter ses maîtres et ses bons amis, avoir de la capacité et des talents, et agir comme si on n'en avait pas, écouter attentivement les leçons, se réjouir des avertissements des autres, ne pas blâmer les autres et se corriger soi-même, c'est là l'humilité, c'est le fondement de l'étude... Si ce fondement existe, l'avancement dans le bien n'a point de limites.

Il y a plusieurs genres d'étude ; il y a l'étude *des préceptes anciens*; l'étude de l'histoire, de la littérature, et celle des lettres.

L'étude des lettres consiste à bien savoir le
ciel, la terre, et l'homme, et à connaître la
voie pour se gouverner soi-même et gouverner les autres ; si on étudie, il est bon de
s'appliquer à cette étude, car si on ne connaît
pas le chemin de la vertu, il est difficile d'y
marcher... ; et les autres études ne doivent
venir qu'en second lieu.

Il y a encore l'étude *des petites paroles*.
Ceux qui s'y appliquent, n'aiment pas les
autres études sérieuses; ils mettent leur
plaisir à lire toute espèce de variétés, de
choses extraordinaires. Étant comparée aux
autres études, elle ne mérite pas le nom
d'étude.

D'ailleurs, ils ont toujours visé plus haut
que le but pour réussir; ayant ainsi fixé son
but, si chaque jour et chaque mois on agit
avec soin, on finira par l'emporter sur les
autres.

Cependant le cœur devra s'humilier et se
placer au-dessous des autres, car si le cœur
s'élève et se confie en lui-même, il n'est pas
vigilant et ne fait point attention aux petites
choses.

L'étude fait de la *science et de l'action*
deux choses nécessaires ; si on ne fait pas ce

que l'on doit faire, la science est inutile, il
faut savoir avant d'agir ; mais le savoir, c'est
pour agir.

Néanmoins, l'action est plus importante
que le savoir, ces deux choses ne doivent pas
se séparer ; c'est comme les deux ailes de
l'oiseau, comme les deux roues d'un char.

Si on veut diviser le travail de l'étude, on
trouvera cinq opérations :

1° *Etendre ses connaissances*, en étudiant
les livres des maîtres, en écoutant les autres,
en examinant le passé et le présent.

2° *Interroger minutieusement* des amis et
des savants sur les choses douteuses.

3° *Réfléchir soigneusement*, c'est-à-dire
être calme et réfléchir avec soin sur ce qu'on
a déjà appris, afin de bien comprendre et de
se l'approprier.

4° *Distinguer clairement* les limites du
bien et du mal, du vrai et du faux.

5° *Agir avec ardeur* et avec soin, et mettre
en pratique ce qu'on a appris, en veillant
sur ses actions et sur ses paroles. Les fautes
deviennent rares en se gouvernant bien.

L'étude est la voie pour corriger ce que
l'on a de mauvais ; et nous devons chercher
à nous instruire en choisissant de bons amis,

en les fréquentant et en écoutant les censu-
res ; il ne faut ni se rechercher soi-même, ni
être suffisant.

Celui qui étudie doit s'attrister du non-
progrès dans la vertu.

Si on veut bien savoir, il faut agir avec
soin, et ne pas juger à la légère, comme les
hommes peu profonds qui forment un juge-
ment avec précipitation. En perçant la peau,
on voit la chair ; en perçant la chair, on voit
les os ; en perçant les os, on voit la moelle ;
c'est ainsi qu'il faut examiner les questions
qu'on étudie.

La véritable étude, c'est celle qui se fait
pour se gouverner soi-même et non pas pour
être connu des autres.

Le sage lettré n'étudie que pour se gouverner lui-même, c'est la science *vraie*. Le
méchant lettré n'étudie que pour être connu
des autres, pour obtenir de la réputation,
c'est la science *fausse*. Si après avoir étudié
on devient mauvais, c'est déplorable. —
Lorsqu'on étudie, on doit prendre pour principale résolution d'utiliser pour soi-même, et
de mettre en pratique ce qu'on apprend.

Si, en lisant tel livre, vous y lisez qu'on
déteste les *mauvaises odeurs*, et qu'on aime

les *belles couleurs* ; pour utiliser cette pensée,
vous vous direz : il faut détester le mal
comme on déteste les mauvaises odeurs, et
aimer le bien comme on aime les belles couleurs.

Si, en lisant tel autre livre, vous y voyez
quelqu'un qui fait tous ses efforts pour honorer ses parents, et qui se sacrifie pour
son prince, il faut profiter de cette lecture
pour bien honorer ses parents et pour être
fidèle à son prince. Pour toutes choses, il faut
agir ainsi ; cela s'appelle utiliser la lecture.

Quand même vous liriez beaucoup de
livres, si vous ne les utilisez pas, c'est une
étude inutile. D'ailleurs, après avoir étudié
beaucoup de choses et en avoir étudié minutieusement le sens, il faut les résumer.

Chaque soir *on examine les fautes de la
journée* pour les corriger le lendemain ; chaque jour le travail avancera ; dans un mois il
y aura l'ouvrage de trente jours ; chaque
année aura trois cent soixante jours entiers ;
de cette manière on avancera dans la vertu et
dans la science, et on aura une joie indicible ;
tandis que si on ne se corrige pas, si on reste
négligent, on finit sa vie en restant toujours
ignorant. Que cela est triste !

Si on s'applique ainsi tous les jours sans s'arrêter, au bout de dix ans le résultat sera grand, on sera à la moitié de ses études littéraires.

Dans toute chose, si on veut trouver le bonheur, il ne faut pas être paresseux en commençant ; cela est surtout vrai pour l'étude : l'homme qui se gêne dans la jeunesse, jouit d'un grand bonheur dans la vieillesse.

Dès la jeunesse, il faut être avare du temps et ne pas le dissiper à des choses inutiles et frivoles. Si l'homme ne peut étudier dans l'enfance, ni dans la vieillesse, ni dans la maladie (d'ailleurs presque tous ont à s'occuper d'affaires de famille), il reste donc peu de temps pour étudier. Perdre ce peu de temps par la paresse et par des occupations frivoles, c'est le comble de la folie ! Puisque le temps ne revient pas, il ne faut pas en perdre un instant.

De toutes les choses précieuses pour les hommes, il n'y en pas *comme le temps* ; c'est pourquoi ce temps doit être ménagé plus que l'or et les pierres précieuses. Celui qui ne ménage pas le temps n'aura ni science, ni bonnes œuvres, ni habileté.

9

Dans la jeunesse, comme on ne s'occupe
pas d'affaires, on a beaucoup de temps; l'ac-
tivité et la force sont dans toute leur vigueur;
la mémoire est heureuse, on retient facilement et longtemps ce qu'on voit et ce qu'on
entend; aussi, si on s'applique à cet âge, les
résultats sont grands; la force de l'âge ne
revient pas deux fois, un seul jour n'a pas
deux matins; il faut donc s'efforcer de profiter du temps présent. Si on ne s'applique
pas dans sa jeunesse, on s'en repent dans sa
vieillesse!

Les enfants des grands et des peuples, des
ministres et des simples citoyens, commençaient *la petite étude* à huit ans. Dans cette
étude, on y apprenait à honorer ses parents,
à respecter ses frères aînés, à recevoir les
hôtes, à être utile à la maison et à converser.
On recevait encore des leçons de politesse,
de musique, de tir à l'arc, de manége, d'é-
criture et d'arithmétique; c'était là l'occupa-
tion de l'enfance et de la jeunesse.

La *grande étude* succédait à celle-ci; on la
commençait à quinze ans. C'est l'étude importante de se gouverner soi-même et de gouverner les autres. *Se gouverner soi-même*,
c'est régler l'intérieur, rectifier son cœur et

diriger son corps. En résumé, la *grande
étude*, c'est l'étude de la raison.

Dans l'étude, il y a deux devoirs à remplir :
1° apprendre ce qu'on ne sait pas ; 2° lorsqu'on
sait, mettre en pratique.

L'homme le plus savant, si son cœur et ses
actions sont mauvaises, est inférieur à
l'ignorant.

Le matin, on s'instruit, auprès du maître ;
dans la journée, on étudie avec soin ce qu'on
a appris le matin ; dans la soirée, on repasse
peu à peu ces choses ; et le soir, examinant
les actions de la journée, si on ne trouve pas
de fautes, on dort tranquillement pendant la
nuit ; s'il y a des fautes, il faut s'en repentir
et prendre ses précautions pour le lendemain.

Quand j'étudierais sérieusement, quand je
saurais parfaitement les choses des empires
anciens et modernes, si je ne corrige pas
mes fautes, si je ne fais pas le bien, c'est une
chose inutile.

L'une des règles de l'étude, c'est d'honorer
ses maîtres ; quoique l'on soit dans une di-
gnité élevée ou prince, il ne faut jamais mépriser son maître.

Quoique l'on parle bien de la justice et
qu'on l'aime intérieurement, quoique l'on se

mortifie, si on ne met pas en pratique la justice et l'humanité, si on fait le bien sans être
utile aux autres, c'est une science inutile.

Si, pour faire une pièce de vers, vous dé-
pensez beaucoup de temps, si vous vous don-
nez beaucoup de mal, si même vous obtenez
des applaudissements des hommes ; si, d'un
autre côté, vous ne suivez pas chaque jour la
voie de l'honneur, vous n'avez aucun profit,
c'est une chose vaine.

Si on étudie c'est pour devenir sage ; être
sage, c'est être homme.

Si on veut corriger ses défauts et ses
erreurs, il faut fréquenter des maîtres intelli-
gents et de bons amis.

Le moyen d'étendre ses connaissances c'est
d'interroger les autres sur ses doutes, et de
réfléchir pour acquérir une connaissance profonde de la vérité. Interroger et réfléchir sont
deux choses nécessaires pour l'étude.

Il faut rechercher seulement la réalité de
l'étude de la vérité ; si on envie le seul titre
de sage et qu'on n'en aie pas la réalité, il n'y
a pas de profit.

Les étudiants qui se livrent à la littérature
et au bon style sont nombreux ; tandis que
ceux qui s'appliquent à employer leur cœur

à pratiquer la vertu et la piété filiale sont peu
nombreux. Les premiers perdent le fruit
principal de l'étude. Ne pas s'appliquer à la
vertu ou à la piété filiale pour s'adonner à
la littérature, c'est comme rejeter le vin pour
le marc.

Celui qui étudie les sciences vulgaires et
légères du monde, quand il s'appliquerait
jusqu'à la fin de sa vie, il lui sera difficile de
savoir la voie.

Le grand parleur qui se complaît à faire
briller son talent, qui se confie dans ses
connaissances, s'éloigne de la voie.

La plupart des hommes aiment les arts et
n'aiment pas la science ; les arts sont comme
les branches et les feuilles de l'arbre, tandis
que la science en est le tronc et la racine.

Dans la jeunesse, il faut voir beaucoup de
livres et apprendre les arts ; dans l'âge viril
(du milieu) et au delà on calme son ardeur
pour voir beaucoup, on savoure doucement
l'essence des livres, on étudie mûrement la
raison et on cherche à conserver la *vertu* dans
son cœur.

Quoi qu'il en soit, de même que celui qui
tire l'arc se propose un but dès le commencement, de même que le voyageur se propose

en partant, d'arriver à la maison, on doit, dès
le commencement, élever haut sa résolution
et *prendre le Saint pour modèle.*

S'il s'agit de suivre l'étude (la voie) en
commençant par ce qui est inférieur et jour-
nalier, on monte *peu à peu* et on finit par
arriver à ce qui est élevé; vouloir franchir
d'un seul saut les degrés de la science, c'est
vouloir s'élever en l'air sans ailes.

Dans toutes choses si on ne va pas graduel-
lement, il est difficile d'arriver à la perfection.
Les hommes qui passent leur vie à lire les
livres du Saint, et à aimer sa doctrine, l'em-
portent véritablement sur tous les autres.

Si les hommes du commun méprisent
l'étude, c'est parce que les étudiants quoiqu'ils
s'instruisent ne suivent pas la voie, mais au
contraire se vantent, méprisent les autres.....
Si on étudie ainsi, il n'y a pas de profits, les
étudiants doivent veiller sur eux et s'examiner.

Lorsqu'on étudie, si on ne devient pas
meilleur, c'est bien triste.

Si je me glorifie de ma science et de ma
capacité et que je méprise les autres, c'est
nuire à ma vertu par mes talents....., Il vau-
drait mieux n'avoir pas de talent que d'avoir
les défauts de ce genre.

Si on étudie et si on n'est pas vertueux, la faute est beaucoup plus grave que celle d'un méchant sans science.

S'il y a des étudiants de cette sorte, ils déshonorent la science ; il faut veiller avec soin et prendre garde de donner aux méchants l'occasion de mépriser l'étude.

Les étudiants doivent chaque jour s'appliquer à faire le bien... Il ne faut pas étudier pour obtenir le nom de savant : se fatiguer pour un nom, c'est vil.

Il ne faut pas cesser d'étudier même pendant le temps d'une respiration non terminée. Après la mort on se reposera.

日本

PHILOLOGIE

VOCABULAIRE

DES

HABITANTS DE LA BAIE DE JONCQUIÈRES

(Ile Sakhalien ou Karafto.)

Le vocabulaire suivant recueilli par le Père Furet de la bouche même des indigènes de la baie de Joncquières est d'autant plus intéressant qu'il est, jusqu'à ce jour, le seul recueil de mots que nous possédions sur la langue de cette partie presque inconnue de la grande île de Karafto, île qui, naguère, dépendait politiquement de l'empire japonais quant au sud, et de la Chine quant à la partie septentrionale. Il nous parait utile d'ajouter que ce vocabulaire diffère considérablement de ceux de Yéso, des Kouriles et même de Karafto, donnés par Klaproth dans son *Asia polyglotta*, pag. 304.

Un................	*Nioun.*
Deux.............	*Morch.*
Trois.............	*Tchiortch.*
Quatre............	*Mourtch.*
Cinq.............	*Tortch.*
Six..............	*'ngak'.*
Sept.............	*'ngameuk.*
Huit.............	*Minoutch.*
Neuf.............	*Nin'hbing.*
Dix..............	*Tchirmak.*

Homme...	*Nioub'.*
Enfant...........	*Mats'loi.*
Frapper l'enfant...	*Mast'loi-d'jant'.*
Cheveux..........	*Tchertch.*
Front............	*Touh'.*
Yeux............	*Ya.*
Nez.............	*Huih'.*
Oreille...........	*Gorch.*
Langue...........	*H'ilek'.*
Dent.............	*Gouitdj'*
Joue.............	*Gan.*
Barbe............	*Oup.*
Poil des mains.....	*Goub'tski.*
Cou..............	*Gorch.*
Bras............ ..	*Tot'.*
Coude............	*Toumouk.*
Main	*Tomouk.*
Pouce	*Pilen tougni.*
Index............	*Ieskou pish.*
Doigt du milieu....	*Outou pish.*
Doigt annulaire....	*Mak'torgnes kou pish.*
Petit doigt........	*Maktorgne.*
Ongle........... ..	*Toukigni.*
Peau	*Gameutch.*
Jambes	*Ouorch.*
Pied.............	*Goutch.*
Patte	*Natch.*
Queue.	*Tchion'gamouk.*
Chevrons inférieurs du toit..........	*N'gach.*

Chevrons supérieurs *Pagnek.*
Cheville............. *Kiesch.*
Planche............ *Kolomoch.*
Veste de peau...... *Hok, — lentch.*
Veste de peau de
   chien............ *Kan hok.*
Pendants d'oreille.. *Mesk.*
Pantalon........... *Pagne.*
Souliers........... *Ki.*
Gant de peau...... *Ouamouk.*
Chien.............. *Kan.*
Tabac.............. *Tamouk'.*
Pipe.... .... *Taï.*
Conteau.... .... *Tchako.*
Fusil.............. *Miotché.*
Bâton à porter..... *Tchamoutang*
Chaîne en fer...... *Oudki.*
Cuivre............ *Tourch.*
Jarretière en cuir.. *Kirch.*
Collier (de chien).. *Kouazirof.*
Solive .... *Hierps'.*
Marteau........... *Tabous'.*
Corde............. *Hisk.*
Pierre à feu....... *Gouck.*
Pierre .... *Pa'hk.*
Oiseau............ *T'rchath'.*
Amadou (bois
   pourri).. ...... *Yabarkhch'.*
Briquet........... *Toutch.*
Papier .... *Haasol.*

Poudre (à fusil)....	*H'orehth'.*
Rame.............	*Koboun.*
Osier	*Nakx.*
Ceinture	*Iouk bent'.*
Trou	*Kouti.*
Fente............	*Pétint'.*
Feuille (d'arbre)...	*Planck'h.*
Roseau	*Tipe.*
Nœud............	*Tou.*
Nœud de roseau....	*Tip'tou.*
Racine...........	*Ouots'h.*
Vase (en écorce)...	*Moulok'.*
Marmite	*Ouangn'.*
Traîneau..........	*Touh'.*
Corbeau..........	*Uess, iiess* (?).
Briser............	*Mokhent'.*
Fumer............	*Pakpak.*
Aboyer	*Ououtch.*
Mordre	*Loukont'.*
Cracher...........	*T'faent'.*
Dormir	*Kotch.*
Racler............	*Rakenth'.*
Gratter...........	*Hatkavent.*
Frapper...........	*D'jant'.*
Trembler de froid..	*Ohentch Kourient',*
Marcher	*Amamoutk.*
Courir............	*Kamotch.*
Glisser...........	*Hiahant.*
Couper...........	*Koubanth'.*
Tomber	*Potenth'.*

Vocabulaire aïno

de Hakodadé

Ciel. . . . . *Rikta.*
Étoile. . . . . *Notch.*
Nuage. . . . . *Nich.*
Tonnerre. . . . . *Kanna-Kamoui.*
Vent. . . . . *Ira.*
Pluie. . . . . *Apto.*
Neige. . . . . *Oubach.*
Hiver. . . . . *Mata.*
Feu . . . . *Ountchi.*
Eau . . . . *Wakka.*
Océan . . . . *Rour.*
Mer . . . . *Atoui.*
Île . . . . *Chiri*
Montagne. . . . . *Kimoro.*
Rivière . . . . *Pet.*
Cours d'eau. . . . . . . *Ouchi.*
Homme. . . . . *Chicham, gourr.*
Tête. . . . . *Chapa.*
Joues. . . . . *Noutakam.*

OEil .... *Chik.*
Nez .... *Itou.*
Bouche. .... *Tchara.*
Dents............. *Ima.*
Epaule........... *Tapka.*
Poitrine...... ..... *Chambi.*
Main .... *Tek.*
Pied............. *Tsikirr.*
Chair............ *Kam.*
Sang .... *Kem.*
Cœur............ *Chambi.*
Ame............. *Ram.*
Bon .... *Pirka.*
Maison .... *Koutcho.*
Papier............ *Kambi.*
Arc... .... *Gou.*
Ours............. *Oqouyouk.*
Chat..... .... *Nigo.*
Chien............ *Chita.*
Plante .... *Mouni.*
Pierre........ .... *Chouma.*
Or................ *Koukani.*
Argent. .... *Chrogani.*
Cuivre........ .... *Fourigant.*

VOCABULAIRE

DE LA

Tribu des Yak.

Ciel .... *Takka.*
Vent .... *Tadoune.*
Neige .... *Noumone.*
Pluie .... *Tidetide.*
Soleil .... *Dalgoune.*
Lune .... *Dalgounouta.*
Etoile .... *Chikka.*
Terre .... *Tsare.*
Mer .... *Rame.*
Montagne .... *Bag.*
Pierre .... *Tchak.*
Homme .... *Boyak.*
Père .... *Tata.*
Mère .... *Mana.*
Fils .... *Ouda.*
Tête .... *Kille.*
OEil .... *Kaze.*
Nez .... *Malâne.*
Bouche .... *Agga.*

10

Main . . . . *Hinte.*
Pied . . . . *Argak.*
Chien. . . . . ». *Inkine.*
Rat. . . . . *Birbri.*
Oiseau. . . . . *Gauche.*
Poisson. . . . . *Tolgo.*
Rouge. . . . . *Kara.*
Couleur de l'eau. . . *Djoroun.*
Jaune. . . . . *Or.*
Blanc. . . . . *Bagdar.*
Noir. . . . . *Koungourre.*
Arc. . . . . *Chabi.*
Flèche. . . . . *Dzire.*
Coutelas . . . . *Katane.*
Vase de bois. . . . . . . *Ache.*
Nourriture. . . . . *Chouchouk.*
Arbre. . . . . *Ko.*
Feuille . . . . *Zirko.*
Racine. . . . . *Ouche.*
Planche de bois. . . . *Katmouk.*
Bon . . . . *Youg.*
Méchant . . . . *Tchaki.*
Grand . . . . *Baké.*
Petit. . . . . *Youge.*
Fort. . . . . . ». . . . . . . *Stroïne.*
Or . . . . *Koramougi.*
Argent. . . . . *Bagdamougi.*
Cuivre. . . . . *Jarite.*
Fer. . . . . *Soulou.*

Vocabulaire coréen

DE LA BAIE DE BROUGTON.

Ciel............... *Hànar.*
Soleil............. *Nàr.*
Lune .... *Tar.*
Étoile............. *Pyœr.*
Nord.............. *Pouk-nyœk.*
Est............... *Tong-nyœk.*
Sud.............. *Nàm-nyœk*
Ouest............. *Syœ-nyœk.*
Tonnerre.......... *Oure.*
Éclair............. *Pœn-kaï.*
Vent.............. *Pàràm.*
Brouillard......... *àn-kaï.*
Nuage............ *Kouroum.*
Pluie............. *Pi.*
Neige............. *Noun.*
Glace............ *OEroum.*
Arc-en-ciel........ *Moutsi-ke*
Aurore............ *Sàpe.*
Matin............. *àts'àm.*
Midi.............. *Nàs.*
Soir.............. *Tse-syœk.*
Crépuscule........ *Tsyà-mour.*
Nuit.............. *Pàm.*
Froid............. *Sœ-nour.*

Chaleur............ *Tœ-our.*
Année .... *Haï.*
Printemps......... *Pom.*
Été.............. *Nyœroum.*
Automne.......... *Kaar.*
Hiver............ *Kyœ-or.*
Terre............ *Stâ.*
Montagne......... *Moï.*
Champ............ *Tour.*
Pierre .... *Tor.*
Royaume.......... *Nara.*
Capitale.......... *Motour.*
Mer.............. *Pâtà.*
Rivière........... *Nâi.*
Ile............... *Syœm.*
Pont............. *Tari.*
Homme.......... *Sâràm.*
Père............. *àpi.*
Mère............ *OEmi.*
Époux........... *Tsià pi.*
Épouse.......... *àn-haï.*
Concubine........ *Tsyœp.*
Mâle............ *àm.*
Femelle.......... *Sou.*
Tigre............ *Pœm.*
Ours............. *Kom.*
Loup............ *Ir-hi.*
Cheval.......... *Mâr.*
Ane............. *Nà-kwi.*
Chien........... *Kâi.*

Chat............. *Koï.*
Porc............. *Tos.*
Brebis........... *Yâng.*
Aigle........ ...... *Souri.*
Poule............ *Tark.*
Ailes .... *Nar-käi.*
Voler............ *Tar.*
Bec............. *Pouri.*
Plumage.......... *Tsis.*
OEuf............. *âr.*
Dragon.......... *Mir.*
Tortue........... *Kœpok.*
Poisson.......... *Koki.*
Abeille........... *Pœr.*
Ver-à-soie .... *Noue.*
Insectes .... *Pœre.*
Serpent.......... *Paï-yam.*
Fleur............ *Kos.*
Branche.......... *Katsi.*
Racine........... *Pourwi.*
Tige............ *Tsourki.*
Bambou .... *Tâi.*
Rose............ *Tsyang-mi.*
Lotus............ *Liœn-hoa.*
Riz............. *Pyœ.*
Or............. *Soï.*
Argent........... *Oun.*
Cuivre........... *Kouri.*
Étain........... *Tsyou-syæk.*
Jade............ *Ok.*

Langue lou-tchouane.

ORAISON DOMINICALE

(Suivant la prononciation.)

Ouatta ouia tin nakaï mainchairere mono oundgiounou ou na aguitaï imixaie; oundgiounou kougnaié iouti mainxaié; oundgiounie iiisaie tinnou goutouchi djaini mamutaié inuchaïtaié ndi nigatoiabing; tkiouga figuinou hammaié ouattagni outabi michaiébiri ouattáia ouattagni tsimi itarou mounoukiagni iourouchabirou goutié, ouatta tsimaié tourouki kiï michai biré; ouatta yôna oudzankoï chiniti kiï michonna; agnaïé sangxi ouazañaieiaié ndaié ouatta soukouti kiï michaiébiri. Ang naï iabitaïé. Amen.

N.-B. Les expressions *michaïé*, *michaïébiri* sont des mots honorifiques, correspondant au japonais *tamafou, tamaye*.

生

TABLE DES MATIÈRES

FIN.

Paris. — Typ. D. Carion, 64, rue Bonaparte.